Martin Fauster

Süddeutsche Zeitung Edition   Bibliothek der Köche

Martin Fauster

Text: Ingo Swoboda
Fotografie: Bernd Grundmann

Süddeutsche Zeitung Edition   Bibliothek der Köche

Sylt

Heiligendamm

Hamburg

Osnabrück

Hameln

Leipzig

Köln   Bergisch Gladbach

Frankfurt am Main

Stromberg   Mainz

Naurath/Wald

Bayreuth

Zweibrücken

Nürnberg

Herxheim

Tonbach   Stuttgart

München

Tegernsee

MÜNCHEN

Berlin

DIE BIBLIOTHEK DER KÖCHE

INHALT

INHALT

INHALT

INHALT

Ein Österreicher am Stachus

Es ist erstaunlich, was das kleine Österreich für die Kochkunst und die kulinarische Szene in Deutschland leistet, viele Köche, die an den Herden deutscher Spitzenrestaurants stehen, kommen aus der rot-weiß-roten Alpenrepublik. Und obwohl gerade junge Köche ihr Heimatland verlassen, um im nahen Ausland ihr Glück zu suchen, hat sich Österreich eine bemerkenswerte Qualität in seiner authentischen Küche bewahrt, und die Köche, die fern der Heimat ihrer Berufung nachgehen, profitieren von dieser gewachsenen Bodenständigkeit als Basis ihrer Kochkunst. Einer von ihnen ist Martin Fauster, ein gestandener junger Österreicher, der als Küchenchef das Restaurant im Münchner Hotel Königshof zu einer der besten Gourmet-Adressen der bayerischen Landeshauptstadt gemacht hat. Dass Martin Fauster Koch geworden ist, noch dazu einer, der Jahr für Jahr Auszeichnungen und beste Bewertungen in den nationalen und internationalen Restaurant-Führern einheimst, war dem jungen Österreicher nicht in die Wiege gelegt und stand auch lange Zeit nicht auf seiner Lebensplanung.

Eine Kindheit auf dem Land

Geboren ist Martin Fauster in Leoben in der Steiermark, aufgewachsen mit drei Geschwistern in St. Michael, einem kleinen Ort mit rund 3000 Einwohnern. St. Michael ist ein Stück Österreich wie aus dem Bilderbuch, ein beschaulicher Ort in einer von Landwirtschaft geprägten Gegend. Spitzengastronomie mit Hummer

Glanz und Gloria: Mit sicherem Gespür für Stil und Eleganz erstrahlt das Interieur des Königshofs

MARTIN FAUSTER

und Gänsestopfleber ist hier kein Thema, auf den blanken Tischen der Gaststuben regiert eine mehr oder weniger bescheidene Bodenständigkeit, die das auf die Teller bringt, was die umliegende Landwirtschaft entsprechend den Jahreszeiten produziert und was seit eh und je Tradition hat in den Landgasthöfen. Martin Fauster wird in diesem ländlichen Umfeld groß, es ist eine Kindheit inmitten einer Natur, mit der die meisten Einwohner von St. Michael

Auch kulinarisch gehört der Königshof am Stachus in München zu den ersten Adressen Deutschlands

ihre, wenn auch bescheidene, berufliche Existenz verknüpft haben. Fausters Großmutter betreibt eine kleine Landwirtschaft, der Vater, ein gelernter Metzger, hilft den Bauern bei ihren Hausschlachtungen und bringt kesselfrische Wurst mit nach Hause. Martin Fauster lernt schon als kleines Kind die harte Arbeit auf dem Land kennen, den Arbeitsrhythmus, den die Tiere vorgeben, und er lernt, dass die Natur ihre Früchte nicht in beliebiger Menge und nicht zu jeder Zeit preisgibt. Noch ahnt er nicht, dass dieses

Wissen um saisonale Besonderheiten, das auf dem Land mit einer gottgegebenen Selbstverständlichkeit akzeptiert wird, einmal eine wichtige Rolle in seinem Leben spielen wird. Martin Fauster hilft in seiner Freizeit auf dem Bauernhof, geht in den Wald Pilze suchen, schaut seiner Großmutter beim Butter schlagen zu und erlebt an der Seite seines Vaters, wie ein geschlachtetes Schwein im wahrsten Sinne des Wortes restlos verwurstet wird. Weggeworfen wird nichts, vom Schweinskopf bis zum Ringelschwanz findet alles seinen schmackhaften Weg in die heimische Küche. Es sind nicht allein wirtschaftliche Überlegungen, die die Bauern in diese Komplettverwertung einbringen, es ist auch so etwas wie Respekt vor dem Tier, das für viele immer noch die Grundlage ihrer Existenz bedeutet. Inmitten dieses bäuerlichen Umfelds sind gerade der unkomplizierte Umgang mit den heimischen Produkten, die unausgesprochene Selbstverständlichkeit von unverfälschter Qualität und die Schlichtheit der Zubereitung die prägenden Momente seiner Kindheit. Martin Fauster erlebt diese Bodenständigkeit jeden Tag zu Hause, pünktlich nach der Schule steht das warme Essen auf dem Tisch, das die Mutter frisch gekocht hat. Fischstäbchen sind eine Sensation und als Ausnahme nur selten auf dem Speiseplan. Ansonsten wird gekocht, was der Metzger im Angebot hat und der heimische Garten an Gemüse und Obst hergibt. Und es gibt natürlich klassische österreichische Eierspeisen, die die Mutter unschlagbar gut auf die Teller bringt. „Eine einfache, gute und klare Küche", sagt Fauster heute und diese Umschreibung lässt sich auch in seiner kulinarischen Handschrift ablesen, die ihn längst zu einem Spitzenkoch gemacht hat.

Lehrjahre in Leoben

Doch Fauster denkt zunächst nichts ans Kochen, weiß nichts von Hauben und Sternen, mit denen Restaurants ausgezeichnet werden und kann mit dem Begriff „Gourmet" nichts anfangen. Dagegen liebäugelt er mit dem Beruf des Polizisten, kann sich als Beruf etwas „Handwerkliches" vorstellen, nur eines ist sicher: so schnell wie möglich raus aus der Schule, ein Musterschüler war er ohnehin nicht. Eher ein „sturer Lauser", wie er sich heute selbst bezeichnet, der keine Lust mehr hatte, die harte Schulbank zu drücken, sondern ins volle Leben einsteigen wollte. Die Eltern nehmen es gelassen, drängen ihn nicht, und erst als die Mutter in der heimischen Zeitung eine Stellenanzeige findet, wird das Thema „Koch" aktuell. Martin Fauster beginnt mit 16 Jahren seine Lehre in einem kleinen Gasthof im benachbarten Leoben und lernt das Kochhandwerk von der Pike auf. Kulinarische Zaubereien oder raffinierte Arrangements mit Produkten aus aller Herren Länder sind hier nicht gefragt, im Gasthof wird gutbürgerlich gekocht, eine grundsolide Landküche mit frischen saisonalen Produkten aus dem Angebot der umliegenden Bauernhöfe. Auf der Speisenkarte stehen traditionelles Backhendl, klassischer Schweinebraten mit Knödeln, Goulasch, kräftige Rindersuppe und natürlich frischer Apfelstrudel. Martin Fauster arbeitet sich schnell in das Team ein, entdeckt langsam, aber sicher seine Begeisterung für das Kochen und entwickelt einen gesunden Ehrgeiz, mehr aus der Welt der Küche und des guten Essens zu erfahren. Dass er dabei eine bodenständige Basis hat, kommt ihm zugute, und er kann sich von Anfang an auf seinen ausgeprägt guten Geschmack verlassen, der natürliche Produktqualitäten bestens einordnen kann. Was er nicht kennt, erar-

MARTIN FAUSTER

Kleine Gesten mit großer Wirkung: Präzise, freundlich und unauffällig agiert der Service um Maître d'Hotel Manfred Friedel

Weltläufigkeit bilden eine lebenswerte Symbiose, die den Charme der Stadt ausmacht. Fauster beginnt seine Wanderjahre im Hotel Intercontinental mit staunenden Augen. Was sich in der riesigen Küche für den jungen Koch auftut, hat nichts mit der Landhausküche in Leoben gemein, in der Fauster seine Lehre absolvierte. Die Küche des Intercontinental ist ein eigener Kosmos, ein pulsierender Umschlagplatz für Produkte aus aller Welt, ein gut durchorganisierter Arbeitsplatz für Spezialisten, die mit Geschick und handwerklicher Präzision aus verschiedensten Produkten anspruchsvolle Gerichte zubereiten, die weit über das hinausgehen, was Fauster bis dato kannte. Zum ersten Mal in seinem Kochleben wird er mit Hummer konfrontiert, entdeckt exotische Fische aus Meeren und Flüssen, bekommt einen Einblick in die Welt der Gewürze und Kräuter und sieht die schier unzähligen Möglichkeiten, aus verschiedenen Produkten und Zutaten zu kombinieren und zu einem Neuen zusammenzufügen.

Martin Fauster lernt schnell, ist ein aufmerksamer Beobachter, bewährt sich an verschiedenen Posten und erkennt sein Talent, Wissbegierde, Ehrgeiz und Leidenschaft in geschmackliche Ideen umzusetzen, die spielerisch einfach aussehen, in denen aber durchdachte Kreativität und handwerkliche Sicherheit und Perfektion stecken. Spätestens in seiner Wiener Zeit kommt er auf die Schiene, dass Kochen nicht nur Zubereitung von Speisen ist, sondern vor allem Geschmacksbilder erzeugen kann, die nicht nur dem Gaumen, sondern auch der Seele schmeicheln. Es ist die schwierige Gratwanderung zwischen Vernunft und Unvernunft, zwischen Verschwendung und Purismus, jenes hauchdünne und wohlüberlegte Zugeständnis des Kochs an die unterschiedlichen Intensitäten der Zutaten, das Kunst und Handwerk zusammenführt oder in die Banalität abrutschen lässt.

beitet sich Fauster aus Fachbüchern, büffelt nach der Arbeit für die Prüfung und liest ein Kochbuch nach dem anderen. Mit einer gehörigen Portion Neugier und Wissensdrang startet Fauster nach der Lehre in Leoben seine kulinarische Entdeckungstour, die den jungen Steirer letztendlich nach München führen wird.

Wiener Genuss-Welt

Doch zunächst hat Fauster die österreichische Hauptstadt im Visier, die kulinarische und kulturelle Vielfalt Wiens ist für den Jungkoch beeindruckend, die Metropole nach wie vor Anziehungspunkt für unterschiedlichste Stile und Geschmäcker. In Wien wird Österreich zum kosmopolitischen Schmelztiegel, Avantgarde und Tradition, Wiener Schmäh und

20

MARTIN FAUSTER

Martin Fauster wird ein leidenschaftlicher Koch, der in einer stillen, fast zurückhaltenden Art und Weise seinen erfolgreichen Weg weitergeht. Immer geradlinig und immer ein Stück bergauf, immer mit dem nötigen Selbstbewusstsein, aber auch mit dem Wissen, noch nicht am Ziel seiner Möglichkeiten angekommen zu sein.

Wanderjahre unter Sternen

Nach Wien wechselt Fauster zunächst in den Quellenhof nach Bad Ragaz, einem der besten Hotels der Schweiz. Als Demi-Chef-Saucier lernt er die Kunst der Saucen und ihre essentielle Funktion als geschmackliches Bindeglied kennen, das keinen Fehler verzeiht. Fauster entdeckt darin neue Facetten der Kochkunst, fragile und beschwingte Kompositionen ebenso wie kräftige, nachhaltige Saucen, die weit mehr als begleitendes Beiwerk sind, sondern tragende Elemente einer feinen Küche. Nach dem Schweizer Intermezzo verdient sich Fauster weitere Sporen als Poissonnier in Alfons Schubecks „Kurhausstüberl" in Waging am See, bevor er nach Wien zurückkehrt. Im renommierten Gourmet-Restaurant „Steirereck" ist er als Rôtisseur für die Fleischqualität verantwortlich, eine große Herausforderung für den jungen Koch, die er mit Bravour meistert. Doch Martin Fauster möchte weiter, möchte noch besser werden und sucht nach neuen Aufgaben und neuen Lehrmeistern, die ihn formen und sein Handwerk perfektionieren können. Für ein Jahr kocht er im Münchner Restaurant „Massimiliano", bevor er zu Hans Haas ins Tantris wechselt. Es scheint, als habe Martin Fauster hier seinen wahren Mentor gefunden, der Altmeister erkennt sehr schnell das Können, aber auch den Ehrgeiz des Steirers und fördert behutsam sein Talent, perfektioniert seine handwerklichen Fähigkeiten und prägt seinen Kochstil. Für Martin Fauster bringt die Zeit im Tantris noch einmal wichtige Erfahrungen, der sensible Umgang mit den Produkten und die daraus resultierende kompromisslose Qualität in der Zubereitung, die Haas von sich und seinem Team verlangt, werden für Fausters Karriere ein unverzichtbarer Meilenstein.

MARTIN FAUSTER

Douce France

Hans Haas ist es auch, der Martin Fauster den Weg nach Frankreich ermöglicht, hier soll er im Mutterland der Gourmet-Küche noch einmal seine Handschrift verfeinern. Fauster macht sich auf den Weg, mit dem Zug ist er rund 24 Stunden unterwegs, bis er endlich im „Maisons de Bricourt", unweit von St. Malo in der Bretagne ankommt. Für den jungen Steirer aus St. Michael wird es eine unvergessliche Zeit, Fauster erlebt nicht nur französische Kochkunst, sondern vor allem die zum Alltag gehörende Esskultur einer Nation, die gutes Essen zur Selbstverständlichkeit erhebt und wo selbst einfache Leute ein Mittag- oder Abendessen genussvoll zelebrieren. Sein Chef Olivier Roellinger ist Autodidakt und ein kollegialer Patron, der sich viel Zeit für seine Mitarbeiter nimmt, die Küche ist eine große Familie, in der menschliche Wärme statt rauer Ton herrscht. Das Angebot des Restaurants ist am nahen Meer ausgerichtet, fangfrische Fische, Hummer, Muscheln und andere Meerestiere bestimmen die Speisenkarte. Martin Fauster taucht ein in die klassische Küche

eines französischen Restaurants am Meer, profitiert beruflich und privat von dieser Zeit und genießt ein Frankreich, das seiner Kochtradition und ihren Protagonisten mit Respekt und Liebe begegnet und das Essen und die damit verbundene Gastlichkeit als kulturelle Verpflichtung begreift.

Das „Adieu" fällt ihm nicht leicht, doch Martin Fauster geht zurück nach München und wird für fünf Jahre die rechte Hand von Hans Haas im Tantris. Seite an Seite stehen sie am Herd, aus dem Meisterkoch und seinem Meisterschüler werden im Laufe der gemeinsamen Jahre gute Freunde. Haas glaubt fest an das Können Fausters und ermutigt ihn, seinen eigenen Weg zu gehen. Mit der Familie Geisel hat Martin Fauster im Hotel Königshof seit 2004 einen Partner gefunden, der ihm genügend Spielraum lässt, seinen Stil zu realisieren und seine Kochideen im Restaurant umzusetzen. Der Erfolg bei den Gästen gibt beiden Recht, Martin Fausters Küche zwischen durchdachter, dezenter Modernität und ausgewogener, unkomplizierter Klassik ist die Quintessenz aus seinen erfahrungsreichen Lehr- und Wanderjahren: eine einfache, gute und klare Küche.

Wie aus dem Paradies duften die Aromen von frischen Pilzen, bretonischem Hummer und den besten Tomaten

*Großes und Großartiges:
Für Kulturbeflissene
und Gesellige, für
Kirchgänger und
Kirchenbestauner und
auch für den stillen
Genießer hat München
seinen Platz*

Gegensätze, die sich anziehen: Historie und Moderne, Gemütlichkeit und Turbulenz, alt Hergebrachtes und Avantgarde

Grüß Gott München

Nur wenige deutsche Städte üben auf Menschen aus aller Welt eine solche Faszination aus wie München. Und das nicht nur während des Oktoberfestes. Die bayerische Landeshauptstadt hat einen ganz eigenen Charme, ist eine bunte und vor allem eine gelungene Mischung aus liebenswerter Provinzialität und städtischem Gehabe, man gibt sich ein bisschen bayerisch, ein wenig kosmopolitisch, aber immer selbstbewusst münchnerisch. Dazu glänzt die alte Residenzstadt mit einer beeindruckenden Stadtarchitektur, zusammengesetzt aus prachtvollen Bauten: Feldherrnhalle, der Alte Peter, Siegestor und Rathaus, die Frauenkirche mir ihren markanten Zwiebeltürmen und natürlich das legendäre Hofbräuhaus sind nur einige der sehenswerten Zeugen aus der „guten alten Zeit", als Bayern noch ein verträumtes Königreich war. Heute freuen sich die Münchner an dem architektonischen Erbe dieser Zeit, genießen ihre kleinen und großen Freiräume und Plätze, die verwinkelten Nischen der Altstadt genauso wie die großzügig angelegten Straßen und den Charme der Maximilianstraße, einem der schönsten Boulevards Europas. Keine Frage, München ist eine weltoffene City, eine pulsierende Metropole mit Eleganz, Schick und Klasse, aber auch mit bayerischen Traditionen und provinziellen Eigenarten, die dem Gesamtkunstwerk München die besondere Note geben.

Königlich residieren

Auf den ersten Blick macht der „Königshof" einen unspektakulären Eindruck, die Fassade des Traditionshotels am Stachus stammt aus den 1970er Jahren und scheint für heutige Ansprüche an Gestaltung und Formen eher unzeitgemäß. Doch das Innenleben des Hotels ist dafür umso beeindruckender. Betritt man die Lobby, öffnet sich plötzlich eine gastliche Welt des Luxus, nicht überladen und protzig, sondern geschickt arrangiert und mit gekonnt gesetzten Akzenten dosiert. Es herrscht gastliche Harmonie im Königshof, ein angenehmes Ambiente, das Modernität mit einem eigenen Stil interpretiert und dabei klassische Elemente so integriert, dass sie nicht erdrückend wirken. Der Königshof ist ein lebendiges und individuelles Hotel, das sich wohltuend von standardisierten Hotelkonzepten abhebt, ein gastliches Haus mit einer spürbar persönlichen Note. Denn hinter dem Königshof steht eine Familie, die auf eine lange Erfahrung im Hotelbusiness zurückschauen kann. Die Hotelgeschichte der Familie Geisel beginnt exakt zur Jahrhundertwende des letzten Jahrtausends mit der Bewirtung des Löwenbräuzeltes auf dem Münchner Oktoberfest. In den 1920er Jahren eröffnen Anna und Karl Geisel ihre ersten beiden Gasthäuser, einige Zeit später kommen das „Hotel Rheinhof" am Münchner Hauptbahnhof und das „Hotel Excelsior" dazu, das unter der Leitung von Anna und Karl Geisel schnell zu einem

MÜNCHEN

München international: das größte Volksfest Deutschlands zieht Besucher an aus aller Welt!

Königlich speisen

Kulinarisches Flaggschiff ist natürlich das Gourmet-Restaurant im „Königshof", das, großzügig gestaltet, auf eine ganz eigene Art mit der Stadt verbunden ist. Durch die riesigen Panoramafenster des Restaurants hat der Gast einen einmaligen Blick auf den so genannten Stachus, jenem belebten Platz im Herzen der Stadt, an dem Tag und Nacht das Leben pulsiert. Der Gast sitzt wie in einer festlich dekorierten Theaterlounge, mit dieser abwechslungsreichen Aussicht bis hin zum Karlstor kann in aller Ruhe und zurückgelehnter Entspanntheit die Küche von Martin Fauster genossen werden. Eine spannende Inszenierung von genüsslichem Stadtleben mitten in einem Restaurant, dessen freundlicher Service fast lautlos agiert, um den Eindruck von Küche und Aussicht nicht zu stören. Dabei ist die Stimmung heiter und locker, es darf auch im Gourmet-Restaurant gelacht werden, ohne dass dem Nachbar vor Schreck das Besteck aus der Hand fällt. Für die gute Laune ist in erster Linie Martin Fauster zuständig, doch man sieht ihn eher selten im Restaurant. Das Schaulaufen entlang der Tische ist nicht sein Ding, Martin Fauster ist eher der zurückhaltende Typ, der lieber seine Küche sprechen lässt und der sich auf ein professionelles Serviceteam verlassen kann, das seine Kreationen in unaufgeregter Perfektion an die Tische bringt. Gerade wurde Stéphane Thuriot zum Sommelier des Jahres gewählt, der Franzose von der Loire geht mit

der besten Hotels Münchens avanciert. Ein Jahr vor Beginn des Zweiten Weltkrieges erwerben die Geisels den „Königshof" am Stachus/Karlsplatz, ein Prachtbau im viktorianischen Stil, der vier Jahre später in den Bombennächten fast vollständig zerstört wird. Doch Familie Geisel lässt sich nicht entmutigen und baut ihr Hotel wieder auf, macht es zu einer der luxuriösesten und modernsten Nobelherbergen weit und breit. Der Königshof wird eine der ersten Adressen Deutschlands, eine Tradition, der sich auch die Nachfolgegenerationen verpflichtet fühlen. Heute leiten die drei Brüder Carl, Michael und Stefan Geisel das kleine Hotel-Imperium der Familie, zu dem neben dem „Königshof" das „Excelsior", das „annaDesign Hotel", das „Cosmopolitan" und drei Restaurants gehören.

*Grüne Oase: abseits der
Boulevards bietet München
Refugien der Ruhe*

sicherem Gespür für harmonische Aromenkombinationen auf die Wünsche seiner Gäste ein. Und da ist da noch Manfred Friedel, ein Oberkellner par excellence, der vor rund 50 Jahren als Page im Königshof angefangen hat und heute als Maître im Restaurant fungiert. Herzliche und aufmerksame Gastlichkeit alter Schule, ein Stück Münchner Restaurant-Legende, die bald in den verdienten Ruhestand gehen wird. Sein Nachfolger ist schon da, Stefan Weise gehört zu den Besten seiner Zunft und passt mit seiner unaufdringlichen, immer zuvorkommenden Freundlichkeit bestens in das Restaurant-Team.

Irgendwie passt im Königshof alles zusammen: die unterschiedlichen Charaktere, moderne und klassische Akzente im Ambiente, bewusst gelebte Tradition und Aufgeschlossenheit allem Neuen gegenüber genauso wie die Zutaten, aus denen Fauster seine Gerichte arrangiert. Sie wirken ungekünstelt, entkrampft von der Idee, unbedingt das Schwierigste mit dem Schwierigen verbinden zu müssen, um Leichtigkeit zu erreichen. Fauster fügt in einer entspannten Eleganz das zusammen, was auf den ersten Blick zwar erstaunt, sich dann aber als gute Idee auflöst: Rehkitzkeule mit Ravioli und Blaukraut, Gänseleber mit Trompetenpilzen und grünem Apfel, Wildentenbrust mit Kletzenschupfnudeln, Thunfisch mit Rettich und Sesam oder Steinbutt mit weißen Bohnen, Zwiebelkraut und Räucheraal.

Das Gute liegt so nah

Originelle Arrangements, die auch bei den kleinsten Zutaten von einer unbestechlichen Produktqualität leben und bei der Fauster keine Kompromisse macht. Doch es wird immer schwieriger und aufwendiger, erstklassige Produkte zu finden, gesteht Fauster, das Einkaufen ist Dreh- und Angelpunkt der Küchenorganisation. „Wenn wir Köche nicht die kleinen Produzenten im Umland unterstützen, wird es sie in naher Zukunft nicht mehr geben", sagt Fauster, der ein kleines, feines Netzwerk an Lieferanten pflegt. „Es sind manchmal Freaks, die sich aus Leidenschaft mit einem bestimmten Produkt beschäftigen und das zur geschmacklichen Höchstform bringen. Einfach über natürliches Wachstum." Die Natur wird in einer Welt der industriellen Fertigung von Nahrungsmitteln zur Ausnahme. Verkehrte Welt. Einer, der Produkte auf natürlichem Weg wachsen lässt, ist Peter Kunze. Von Beruf Biologe und ein Gemüse-Freak aus Leidenschaft, haben es dem Franken vor allem historische und längst vergessene Gemüsesorten angetan. „Ein natürlich gewachsenes Gemüse kann ein Hochgenuss sein", sagt Martin Fauster, der zu den wenigen Kunden von Peter Kunze gehört. Chili, Mangold, Zucchini und rund 14 verschiedene Kartoffelsorten kultiviert Kunze in der Nähe von Nürnberg, darunter ausgefallene Knollen wie die „Red Duke of York" und die „Blauen Schweden", die innen violett sind. Doch richtig experimentierfreudig ist er mit seinen Tomaten, die auch Martin Fauster besonders schätzt. Rund vierzig Sorten mit seltsamen Namen wie „Veni Vidi Vici", „Black Zebra" oder „Dills Gelbe Helene" hat Peter Kunze in seinem Angebot, kleine Kunstwerke in unterschiedlichen Farben und Formen, in die der Züchter viel Zeit und Arbeit investiert. „Das ist keine Standardware mit Einheitsgeschmack, sondern individuelle Sorten mit Charakter und Aromen", schwärmt Martin Fauster.

Auch beim Fleisch ist Fauster kritisch und schaut genau hin, bevor etwas davon in seinen Pfannen und Töpfen landet. Seit Jahren kommt das Lammfleisch vom Gutshof Polting in Niederbayern, die „Poltinger Lämmer" der Manufaktur zählen zu den Spitzenprodukten der Zunft. Der Gutshof befindet sich seit vier Generationen im Besitz der Familie Riederer Freiherr von Paar zu Schönau, die Menge der angebotenen Erzeugnisse ist limitiert und ist von den natürlichen Gegebenheiten und Jahreszeiten abhängig. Genau das Richtige für Fauster, der mit diesem natürlichen Rhythmus aufgewachsen ist und besonderen Wert auf den Einklang und verantwortungsvollem Umgang von Natur, Mensch, Tier und dem Wissen um die bäuerliche Tradition legt. Auch bei Fischen und Meerestieren ist Fauster wählerisch, Fische, die nicht aus dem Meer kommen, werden von dem alteingesessenen Familienbetrieb Birnbaum in Landsberg am Lech geliefert. Der Meisterbetrieb bietet neben Räucherspezialitäten ein reichhaltiges Angebot an frischen Süßwasserfischen.

Münchner Klassik

Und dann gibt es als Münchner Einkaufsparadies immer noch den Viktualienmarkt auf dem Marienplatz, der Bauch von München hat seit zwei Jahrhunderten kaum etwas von seiner Faszination verloren. Es ist der größte und facettenreichste Freiluftmarkt der Republik, ein ganzjähriges Sammelsurium an unterschiedlichsten Produkten, die natürlich nicht nur aus dem nahen Umland stammen. Man muss genau hinschauen, sich etwas auskennen oder einfach probieren, um das zu finden, was sich aus der Masse des Angebotes durch besondere Qualität heraushebt. Obst, Gemüse, Wild, Wurst und Fleisch, die ganze Palette der Innereien, Käse in allen Variationen, frisch geschlachtetes Geflügel, Ziegen- oder Schafbutter, unzählige Sorten von Brot, Semmeln und Kuchen, kleine Stände mit selbst gesammelten Pilzen und Kräutern, dazu Eier von bayerischen Hühnern und Fische, die gerade noch im Wasser planschten. Der Münchner Viktualienmarkt ist nicht nur ein riesiges Angebot an Lebensmitteln, sondern auch ein kultureller Bestandteil der bayerischen Landeshauptstadt und ein gesellschaftliches Ereignis, ohne dessen Besuch kaum ein Tourist die Stadt verlässt. Dazu gehört natürlich auch eine kesselfrische Weißwurst mit süßem Senf und Breze.

Ab und an schlendert auch Martin Fauster über den Markt, lässt sich von Gerüchen und Düften inspirieren und genießt den Bummel durch die bunte Welt des Essens. Es ist die entdeckte Leidenschaft an allem, was mit seinem Beruf zusammenhängt, die ihn immer mit dem Thema zusammenbringt. In seiner Freizeit kann er auch abschalten, geht auf die Berge oder Radfahren, sucht Erholung vor allem in der Natur. Und doch kommt er an seiner Berufung nicht vorbei, sammelt alte und neue Kochbücher und schaut mit Interesse in die Rezepte vergangener Tage. Dennoch ist Martin Fauster kein fanatischer Koch, hat sich den Spaß an der Arbeit behalten und gibt diesen auch an seine Köche weiter. Nur dann kann der Funke auch auf den Gast überspringen, davon ist der Steirer überzeugt. Spaß sollen die Gäste an seinem Essen schon haben, Geschmack sowieso. Und das nicht nur, weil das Produkt vermeintlich in die Luxusklasse gehört und entsprechend teuer ist, sondern weil es einfach gut ist: gute Qualität, gut zubereitet und gut präsentiert. Martin Fauster kennt dabei keine Geheimnisse, sein Küchenteam kann dem Meister nicht nur über die Schulter, sondern auch tief in die Töpfe schauen. „Ich bin bereit alles zu zeigen, sagt Fauster, die Kochkunst ist keine Geheimwissenschaft und macht keinen Sinn, wenn sie nicht weitergegeben wird". Das sagt ein junger Koch, der noch am Anfang seiner Karriere steht, aber schon jetzt die Größe hat, sein Team in den Erfolg mit einzubeziehen. Das macht den Österreicher besonders sympathisch und lässt noch spannende Jahre am Herd erwarten. Denn Martin Fauster geht seinen Weg weiter bergauf.

Bierkultur:
Die Münchner Biergärten
sind ein immer beliebter
Treffpunkt in der City
(hier am Viktualienmarkt)

Vorspeisen

Bretonische Gambas
Marinierte Gelbschwanzmakrele
Bayerische Edelkrebse
Gebackene Steinpilze mit Räucheraal
Lauwarme Scheiben vom Kalbskopf
Gegrillte und marinierte Jakobsmuscheln
Ochsenschwanzterrine mit Gänseleber

Bretonische Gambas

mit Artischocken und Mirabellen

1. Die Gambas zur Hälfte einschneiden, mit Salz und Pfeffer würzen und in Olivenöl kurz ansautieren. Die Gambas herausnehmen und die verbliebene Flüssigkeit zu den Artischocken geben.

2. Für die eingemachten Mirabellen Zucker in einem Topf karamellisieren und mit Orangensaft und Weißwein ablöschen. Die Vanille und den Zimt zugeben und alles kurz kochen lassen. Die entsteinten Mirabellen dazugeben und nochmals kurz aufkochen (Vorsicht, darf nicht zu lange kochen!).

3. Die Artischocken putzen und dünn hobeln. In Olivenöl anschwitzen, den Bratfond der Gambas zugeben, mit Salz und Pfeffer würzen und mit den Mirabellen, dem Mirabellenfond und Verjus abrunden.

4. Für die Chips die Artischocke putzen, in kleine Würfel schneiden und im Öl knusprig frittieren.

5. Die Artischocken-Mirabellenmischung auf den Tellern in einer Linie anrichten und die gebratenen Gambas daraufsetzen. Mit etwas Rucola und den Artischocken-Chips garnieren.

Für 4 Personen

30 Gambas
2 El Olivenöl
1 El Butter
Salz, Pfeffer

Mirabellen
ca. 20 Mirabellen
Zucker (je nach Süße der Früchte)
50 ml Orangensaft
50 ml Weißwein
ein kleines Stück Vanillestange
ca. 5 g Zimtstange

Artischocken
9 Poveraden (kleine Artischocken)
Olivenöl zum Braten
Salz und Pfeffer
2 cl Verjus (siehe Tipp)

Artischocken-Chips
1 große Artischocke für Chips
Öl zum Frittieren

Rucola zum Garnieren

Tipp

Verjus ist ein aus unreifen Weintrauben gepresster Saft, den es im Feinkostladen zu kaufen gibt. Ersetzt werden kann er durch Zitronensaft mit einem Drittel Wasser vermischt.

Marinierte Gelbschwanzmakrele

mit Couscous und Curry

Für 4 Personen

Makrele
300 g Gelbschwanzmakrele
300 ml Limettenmarinade (siehe
Grundrezept S. 117)
Salz

Couscous-Fond
1 kleine Schalotte
5 Korianderkörner
5 Kreutzkümmelsamen
5 Anissamen
3 Safranfäden
etwas Thymian
Salz, Pfeffer
1 El Olivenöl
120 ml Tomatenessenz

Couscous
90 g Couscous
100 g Couscous-Fond
10 g Butter
Salz, Pfeffer
50 g Fenchel
50 g Artischocken
30 g roter Paprika
etwas Thymian
1 Knoblauchzehe
Minzjulienne

Currysauce
1 Eigelb
6 g Senf
130 ml Traubenkernöl
Salz
1 TL Curry
1 EL Sauerrahm
Saft von 2 gelben Paprika

Garnitur
20 g schwarze Oliven
8 Schmortomatenfilets (siehe
Grundrezept S. 114)
1 Stange Frühlingslauch
30 ml Limettenmarinade

1. Die Makrele in dünne Scheiben schneiden, würzen und in der Limettenmarinade 5 Minuten marinieren.

2. Die geschnittene Schalotte mit den Gewürzen in Olivenöl anschwitzen, mit der Tomatenessenz auffüllen und einmal kurz aufkochen und 10 Minuten ziehen lassen.

3. Für den Couscous den kochenden Fond mit Butter und Salz über den Couscous geben, mit Folie abdecken und 20 Minuten ziehen lassen. Den Fenchel, die Artischocken und die Paprika würfeln. Die Artischocken und den Fenchel würzen und mit Thymian und Knoblauch in Olivenöl anbraten, abtropfen lassen und mit den rohen Paprikawürfeln in den fertigen Couscous geben. Das Ganze mit Minzjulienne und Currysauce (siehe unten) abschmecken.

4. Für die Currysauce das Eigelb mit Senf und Traubenkernöl zu einer Mayonnaise verrühren, mit Salz, Curry, Sauerrahm und dem reduzierten gelben Paprikasaft zu einer dickflüssigen Sauce verrühren.

5. Die Oliven, Tomaten und den Frühlingslauch in Würfel bzw. Scheiben schneiden und mit Limettenmarinade vermengen. Den Couscous in kleine Röllchen formen und in einen Teil der Makrelenscheiben einschlagen. Die Makrelenröllchen und die marinierten Scheiben auf den Tellern verteilen, etwas von der Garnitur darübergeben. Mit etwas Currysauce fertigstellen.

Bayerische Edelkrebse

mit Kürbis, Apfel und Szechuanpfeffer

1. Die Krebse für 2–3 Minuten ins kochende Wasser geben und danach in Eiswasser abschrecken. Den Schwanz, die Scheren und die Gelenke ausbrechen und das Krebsfleisch kaltstellen.

2. Für das Apfelpüree Äpfel und Birnen schälen und würfeln. Dann alle Zutaten zu einem Püree verkochen und anschließend durch ein Sieb streichen.

3. Für das Chutney den Zucker karamellisieren lassen, die Apfel- und Ananaswürfel in den Karamell geben und anschwitzen. Das fertige Apfelpüree zugeben und mit Ingwer, Rosinen und Szechuanpfeffer abschmecken. Noch einmal aufkochen lassen und vom Herd ziehen. (Kann man am Vortag vorbereiten.)

4. Die Kürbisscheiben würzen und in Olivenöl braten, die Kürbiskerne in dünne Stifte schneiden und rösten. Die Kürbisscheiben vor dem Anrichten mit den Kürbisstiften bestreuen. Nebenbei die ausgelösten Krebse salzen und in Butter braten. Den Bratensatz als Jus verwenden.

5. Die Karkassen in der Öl-Butter-Mischung anrösten und das geschnittene Gemüse und die Gewürze kurz mitrösten. Dann das Tomatenmark beigeben, mit dem Alkohol ablöschen, einkochen lassen und mit (Geflügelfond) Tomatenessenz auffüllen. Eine halbe Stunde weiterkochen, passieren und mit etwas kalter Butter binden.

6. Kürbisstreifen, Chutney und Edelkrebse auf Teller anrichten und die Sauce darübergeben.

Für 4 Personen

Krebse
12 bayerische Edelkrebse
Salz
Butter zum Braten

Apfelpüree
220 g Apfel
80 g Birne
40 ml Apfelsaft
30 Szechuanpfefferkörner
1 Sternanis
10 Koriandersamen

Chutney
15 g Zucker
100 g Apfelwürfel
100 g Ananaswürfel
5 g fein geriebener Ingwer
5 gehackte Rosinen
Szechuanpfeffer

Kürbis
12 Kürbisscheiben
12 Kürbiskerne
Salz, Pfeffer
Olivenöl zum Braten

Sauce
Krebskarkassen
3 EL Butter
1 EL Olivenöl
2 Schalotten
100 g Fenchel
50 g Stangensellerie
Korianderkörner
Sternanis
1 cm Vanilleschote
1 EL Tomatenmark
2 EL weißer Portwein
2 EL Noilly Prat
Salz
400 ml Tomatenessenz (siehe Grundrezept S. 114)
kalte Butter

Gebackene Steinpilze mit Räucheraal

Für 4 Personen

Steinpilze
800 g Steinpilze
Semmelbrösel
Mehl
Ei
Schlagsahne
Butterschmalz

Sauce
150 g Räucheraal (Scheiben für Garnitur zurückbehalten)
30 g Apfelwürfel
30 g Crème fraîche
100 g Sauerrahm
ca. 1 TL Meerrettich
Salz
Cayennepfeffer
Zitronensaft
Stangensellerie

Garnitur
Stangenselleriescheiben

1. Einen Teil der Pilze in dünne Scheiben schneiden und mit Salz, Pfeffer, Zitrone und Olivenöl marinieren. Die restlichen Steinpilze in 1,5 cm dicke Scheiben schneiden, salzen und pfeffern. Das Ei mit der geschlagenen Sahne verquirlen. Nun die Steinpilze in Mehl, der Ei-Sahne-Mischung und den Semmelbröseln panieren. In heißem Butterschmalz ca. 2 Minuten ausbacken und eventuell leicht nachsalzen.

2. Den Sauerrahm und die Crème fraîche mit dem Meerrettich, den Gewürzen und dem Zitronensaft verrühren und den gewürfelten Apfel und einen Teil vom Räucheraal unterheben.

3. Die Stangensellerescheiben blanchieren. Die gebackenen Steinpilze auf einem Teller anrichten, mit den marinierten Steinpilzen, der Sauce und den Räucheraalscheiben und dem Stangensellerie garnieren.

Lauwarme Scheiben vom Kalbskopf

auf Krautfleckerl und Périgord-Trüffel

1. Das geschnittene Wurzelgemüse mit den restlichen Zutaten aufkochen. Den gewässerten Kalbskopf zweieinhalb bis drei Stunden weich kochen, parieren und in 2 cm große Würfel schneiden. Nun mit Salz, Pfeffer und Essig würzen und im Ofen kurz erwärmen. In eine Terrinenform einschlichten, beschweren und kaltstellen.

2. Für das geschmorte Kraut den Zucker leicht karamellisieren und das Kraut klein zupfen. Dann das Schweineschmalz und die geschnittenen Zwiebeln zugeben und das Kraut darin kurz anschwenken. Nun mit dem Weißwein ablöschen, mit Salz und Pfeffer würzen und reduzieren lassen. Mit Backpapier abdecken und im Ofen bei 180 °C etwa 40 Minuten weich schmoren. Zum Schluss 2 EL Kalbsjus einrühren.

3. Den Nudelteig dünn ausrollen und in 2 cm große Fleckerl schneiden und in Salzwasser weich kochen.

4. Den Trüffel hacken, in der Nussbutter einmal aufschäumen lassen, mit Madeira und Trüffeljus ablöschen. Die Flüssigkeit einkochen lassen, den Vorgang zwei- bis dreimal wiederholen. Mit der Kalbsjus auffüllen.

5. Das Kraut mit den gekochten Nudeln vermischen und auf vorgewärmten Tellern anrichten. Den dünn geschnittenen Kalbskopf drauflegen und mit der Trüffeljus bedecken.

Für 4 Personen
Kalbskopf sollte am Vortag zubereitet werden

Kalbskopf
1 Kalbskopf (ausgelöst)
3 Karotten
½ Sellerieknolle
½ Stange Lauch
je 1 TL Pfefferkörner, Piment, Wacholder
2 Zwiebeln
60 ml Weißweinessig
Salz

Krautfleckerl
300 g Weißkraut oder Spitzkraut
30 g Zucker
50 g Schweineschmalz
100 ml Weißwein
Salz, Pfeffer
2 EL Kalbsjus
frischer Nudelteig

Trüffelsauce
50 g Périgord-Trüffel
15 g Nussbutter
125 ml Madeira
60 ml Trüffeljus
100 ml Kalbsjus (siehe Grundrezept S. 116)

Gegrillte und marinierte Jakobsmuscheln

auf cremigem Blumenkohl

Für 4 Personen

Limettenvinaigrette
50 ml Tomatenessenz
Saft von einer ½ Limette
1 TL brauner Zucker
30 ml gutes Olivenöl
Abrieb von einer ½ Limette
Cayennepfeffer
Salz

18 Jakobsmuscheln
Salz, Pfeffer
2 EL Pinienkerne
½ EL gehackter Kerbel

Blumenkohl
120 g Blumenkohlröschen
4 EL Eiersauce (siehe
Grundrezept S. 117)

Salz, Pfeffer
etwas Zitronensaft

1. Die Tomatenessenz aufkochen und mit den anderen Zutaten verrühren, dann mit Salz, Zucker und Cayennepfeffer abschmecken.

2. 6 Jakobsmuscheln würfeln, leicht salzen und mit der Limettenvinaigrette und den anderen Zutaten vermengen. Die übrigen 12 Jakobsmuscheln halbieren und grillen.

3. Den Blumenkohl in gut gesalzenem Wasser bissfest kochen, in Eiswasser abschrecken und gut abtropfen lassen. Die Röschen mit der Eiersauce vermengen und mit Salz, Pfeffer und einem Spritzer Zitrone abschmecken.

4. Den cremigen Blumenkohl mit den marinierten Jakobsmuscheln auf dem Teller anrichten und die gegrillten Muscheln obenauf platzieren. Etwas von der Marinade darüberträufeln.

Tipp

Die Grillstreifen auf den Jakobsmuscheln erhält man wenn man mit einer flachen Grillpfanne mit Rillen.

Ochsenschwanzterrine mit Gänseleber

mit Petersilienöl

1. Die Ochsenschwänze zerteilen, mit Salz und Pfeffer würzen und in der Öl-Butter-Mischung rundherum braun anbraten, dann das Fleisch herausnehmen. Das Gemüse mit der Knoblauchzehe anrösten, die Ochsenschwanzstücke wieder zufügen und das Tomatenmark im Bratenfett kurz andünsten. Mit dem Mehl bestäuben, alles gut verrühren und mit jeweils einem Viertel vom Rot- und Portwein ablöschen. Die Flüssigkeit einkochen lassen und diesen Vorgang dreimal wiederholen. Dann die Gewürze in ein Gewürzsäckchen geben und mit den Kräutern zufügen. Mit dem kalten Kalbsfond aufgießen und den Ochsenschwanz im auf 200 °C vorgeheizten Ofen weich schmoren.

2. Die Ochsenschwanzstücke danach herausnehmen, das Fleisch von den Knochen lösen, salzen, pfeffern und warm stellen. Den Ochsenschwanzfond durchpassieren und zur Hälfte einkochen lassen. Vor dem Servieren nochmals erhitzen und mit der zur Nussbutter gebräunten Butter sowie etwas reduziertem Rot- und Portwein abschmecken.

3. Von der Gänsestopfleber 20 Würfel abschneiden und mit Folie bedeckt kühl stellen, die übrige Gänseleber in gleichmäßige Stücke schneiden. Eine Terrinenform mit hitzebeständiger Klarsichtfolie auskleiden und den warmen Ochsenschwanz samt den Gänseleberbalken hineinschichten. Die Folie darüberschließen, die Terrine beschweren und über Nacht gut durchkühlen lassen.

4. Die gekühlten Gänseleberwürfel rundherum hauchdünn mehlieren und in wenig Öl in einer beschichteten Pfanne braten. Die Petersilienblätter kurz blanchieren, in Eiswasser abschrecken und sehr gut trockentupfen. Mit dem Traubenkernöl in einen Becher geben und auf Eis mit dem Stabmixer zu einer homogenen Masse mixen. Danach durchpassieren.

5. Von der Ochsenschwanzterrine pro Teller sechs 1 cm dicke Scheiben auf einem heißen Teller anrichten. Im vorgeheizten Backofen in 20 Sekunden leicht erwärmen. Die Gänseleberwürfel anlegen und das Gericht mit Ochsenschwanzsauce und etwas Petersilienöl umgießen.

Für 4 Personen
Terrine muss über Nacht ziehen

Ochsenschwanz
2 Ochsenschwänze
Salz, schwarzer Pfeffer aus der Mühle
3–4 EL Öl
2–3 EL Butter
2 Zwiebeln, grob gewürfelt
2 Schalotten, grob gewürfelt
1 Karotte, grob gewürfelt
1 Stange Staudensellerie in Scheiben
1 Knoblauchzehe, ungeschält, leicht angedrückt
3 EL Tomatenmark
2 EL Mehl
1 l Rotwein
500 ml roter Portwein
1 Lorbeerblatt
1 TL Pimentkörner
1 TL schwarze Pfefferkörner
1 Rosmarinzweig
2–3 Thymianzweige
2 l Kalbsfond
3 EL Butter
reduzierter Rot- und Portwein zum Abschmecken

Gänseleber
1 küchenfertige Gänsestopfleber ca. 600 g
125 ml weißer Portwein
Salz, weißer Pfeffer aus der Mühle
geriebene Muskatnuss
Mehl zum Bestäuben
Öl zum Braten

Petersilienöl
40 g Petersilienblätter
90 ml Traubenkernöl

Suppen/Zwischengänge

Kalte Bohnensuppe mit gebeiztem Rinderfilet
Geräucherte Essenz von Roter Bete
Cremesuppe von Maronen und Chicorée
Cremiger „Rohrbacher" Spargel
Auberginenröllchen mit marinierten Tomaten
Fregola Sarda mit Trevisiano

Kalte Bohnensuppe
mit gebeiztem Rinderfilet

Für 4 Personen
muss 48 Stunden ziehen

300 g Rinderfilet

Beize
70 g Olivenöl
130 g Zucker
160 g grobes Meersalz
2 Orangenscheiben
6 g grober schwarzer Pfeffer
½ Knoblauchzehe
3 Thymianzweige
3 Rosmarinzweige

Bohnensuppe
1 Zwiebel
200 g weiße Bohnen, eingeweicht
1 Knoblauchzehe
3 EL Olivenöl
1,5 l Geflügelfond
200 ml Weißwein
150 ml Sahne
1 Spritzer Weißweinessig

6 dünne Schwarzbrotscheiben
Olivenöl

1. Alle Zutaten vermengen und das parierte Rinderfilet darin 48 Stunden einbeizen. Danach aus der Beize nehmen, mit kaltem Wasser abspülen, mit einem Tuch trockentupfen, in Klarsichtfolie einschlagen und im Kühlschrank kaltstellen.

2. Die geschnittenen Zwiebeln mit den Bohnen und der Knoblauchzehe in Olivenöl anschwitzen, würzen, mit dem Weißwein ablöschen, kurz einkochen lassen und mit Geflügelfond auffüllen, ca. 1 Stunde köcheln lassen. Sahne und Weißweinessig beigeben und einmal aufkochen lassen. Die Hälfte der Bohnen mixen und passieren. Die restlichen Bohnen kann man für ein Bohnenpüree oder einen Aufstrich verwenden.

3. Die Schwarzbrotscheiben in einer Pfanne mit Olivenöl knusprig rösten. Das Rinderfilet in dünne Scheiben schneiden, auf geröstetem Schwarzbrot anrichten und zur Suppe servieren.

Geräucherte Essenz
von Roter Bete

1. In einem Topf, z.B. einem Wok, ca. 50 g Räuchermehl, das Gemüse und die Kräuter verteilen. Darauf ein Gitter mit 900 g gewürfelter Roter Bete stellen. Den Topf gut mit Alufolie verschließen, kurz erhitzen bis sich Rauch entwickelt und dann am besten im Freien auskühlen lassen.

2. Für das Klärfleisch die Rinderwade mit dem Gemüse durch den Fleischwolf drehen und mit den restlichen Zutaten vermischen.

3. Die geräucherte Rote Bete mit Schalotten, Stangensellerie, Fenchel, Kapern und Knoblauchzehe anschwitzen, abkühlen lassen und mit dem Klärfleisch vermengen, mit Wasser auffüllen und langsam unter ständigem Rühren aufkochen lassen. Für ca. 1,5 Stunden köcheln lassen, den Saft von 500 g Roter Bete beigeben und noch 10 Minuten ziehen lassen. Vorsichtig durch ein Tuch passieren.

4. Als Einlage die verbliebenen 100 g Rote Bete in dünne Streifen schneiden und kurz in Olivenöl andünsten. Diese Julienne auf Tellern verteilen und mit der Essenz begießen.

Für 4 Personen

Rote Bete-Essenz
1,5 kg Rote Bete
50 g Räuchermehl
150 g Schalotten
60 g Stangensellerie
80 g Fenchel
2 Thymianzweige
1 Lorbeerblatt
1 EL Kapern
1 Knoblauchzehe

Klärfleisch
800 g Rinderwade
80 g Karotte
60 g Stangensellerie
1 l Wasser (Fond)
15 Korianderkörner
3 Pimentkörner
2 Wacholderbeeren
10 Pfefferkörner
2 Eiweiß

Cremesuppe
von Maronen und Chicorée

Für 4 Personen

Cremesuppe
1 TL Puderzucker
60 g Butter
150 g Maronen (geschält)
3 Chicoréestauden, ca. 400 g
Salz, Cayennepfeffer
150 ml weißer Portwein
1,5 l Geflügelfond
200 ml Sahne
30 g Nussbutter

Suppeneinlage
1 Chicoréestaude
4 Maronen
1 EL Butter
1 Msp Puderzucker
Salz
2 EL weißer Portwein

1. Den Zucker in einem Topf karamellisieren, die Butter und die geschälten Maronen beigeben, leicht anschwitzen und den lauwarm gewässerten Chicorée zugeben. Mit Salz und Cayennepfeffer würzen.

2. Das Ganze glasieren, mit weißem Portwein ablöschen und zur Hälfte einkochen lassen. Dann mit dem Geflügelfond auffüllen und 30 Minuten bei geringer Hitze kochen lassen. Die Sahne beigeben, einmal aufkochen, mixen, passieren und mit Nussbutter abschmecken.

3. Die Maronen schälen, in Würfel schneiden und im Karamell mit der Butter anschwenken. Den Chicorée dazugeben, würzen und mit dem weißen Portwein ablöschen. Dann kurz köcheln lassen. In vorgewärmten Tellern anrichten und die Suppe darüberschöpfen.

Cremiger „Rohrbacher" Spargel

mit Mandeln, Kerbel und Ei

1. Für den Fond Wasser in einem Topf zum Kochen bringen, mit Butter, Salz, Zucker, Zitronensaft abschmecken und den Spargel darin garen. Den Spargel bis auf sechs Stangen herausnehmen, abkühlen lassen.

2. Die Eier 5 Minuten kochen. Für die Sauce die verbliebenen sechs Stangen Spargel im Fond (noch ca. 300 ml) verkochen, mit den gekochten Eiern und den restlichen Zutaten im Mixer zu einer homogenen Masse mixen.

3. Den Spargel klein schneiden, erhitzen und mit der Sauce und dem Kerbel marinieren und die Mandeln in Stifte schneiden. Auf Tellern anrichten und die Mandelstifte darüberstreuen. Das Eigelb verschlagen, leicht salzen und über den Spargel ziehen. Mit Portulak garnieren.

Für 4 Personen

24 Stangen Spargel
100 g Butter
Salz, Zucker
Saft von 1 Zitrone

Sauce
2 Eier
60 g Crème fraîche
1 Spritzer Zitronensaft
Salz, Pfeffer

Garnitur
grüne Mandeln
frisch gehackter Kerbel
2 Eigelbe
Portulak

Auberginenröllchen mit marinierten Tomaten

Für 4 Personen

Auberginenpüree
(muss 2 Stunden ziehen)
2 Auberginen (1 Std. bei 200 °C)
1 Knoblauchzehe
grobes Meersalz
50 g Olivenöl
2 Frühlingslauchstangen
8 gewürfelte Schmortomatenfilets
(siehe Grundrezept S. 114)
Basilikumjulienne
Salz, Pfeffer

Auberginenröllchen
1 Aubergine
1 Tempurateig (aus dem Asiashop)
Öl oder Backfett zum Ausbacken

marinierte Tomaten
rote, gelbe, grüne Tomaten
Salz, Pfeffer, Zucker
Basilikum
Olivenöl

Gewürzjoghurt
1 TL Anissamen
2 Kardamomsamen
1 TL Kreuzkümmel
1/5 Muskatnuss
1 TL Koriandersamen
125 g Joghurt (natur)

1. Für das Auberginenpüree die Auberginen der Länge nach halbieren, die Schnittfläche einritzen, mit Knoblauch und grobem Meersalz einreiben und ca. 2 Stunden ziehen lassen. Jetzt auf der Schnittfläche in Olivenöl anbraten, wenden und im vorgeheizten Backofen etwa 20 Minuten bei 180–200 °C weich schmoren. Das Fruchtfleisch aus der Schale herauskratzen und in einer Schwenkpfanne die ganze Flüssigkeit verkochen lassen. Das Auberginenfleisch mit dem geschnittenen Frühlingslauch, den Schmortomaten, Basilikumjulienne und Salz und Pfeffer abschmecken.

2. Für die Auberginenröllchen eine Aubergine der Länge nach in 18 hauchdünne Scheiben schneiden, zwischen Küchenpapier legen, einsalzen und ca. 1 Stunde beiseite stellen. Mit dem Auberginenpüree dünn bestreichen, zusammenrollen, in den Tempurateig tauchen und im heißen Öl oder Backfett ausbacken.

3. Die Tomaten in dünne Scheiben schneiden, mit Salz, Zucker, Pfeffer würzen und mit Olivenöl und Basilikumstreifen marinieren.

4. Für den Gewürzjoghurt die Gewürze in einem Mörser zerstoßen und in den Joghurt geben. Das Ganze ca. 2 Stunden durchziehen lassen, dann durch ein feines Sieb streichen und kaltstellen.

5. Die Tomatenscheiben auf den Tellern verteilen und die Auberginenröllchen draufsetzen. Mit Gewürzjoghurt abrunden.

Fregola Sarda mit Trevisiano

und Gorgonzola dolce

1. Zuerst den Trevisiano 15 Minuten in lauwarmem Wasser einlegen. Dann in einer Pfanne den Zucker karamellisieren lassen, die Butter beigeben und den Trevisiano darin kurz anschwenken, mit Knoblauch, Thymian, Salz und Pfeffer würzen. Dann mit Port- und Rotwein ablöschen und langsam einkochen lassen.

2. Für die Fregola Sarda die klein geschnittene Schalotte in Olivenöl anschwitzen, die Fregola Sarda beigeben und mit dem Rotwein ablöschen. Die Flüssigkeit einkochen lassen, mit dem Geflügelfond auffüllen, salzen und pfeffern und 15 Minuten leicht köcheln lassen. Danach die Trevisianopaste zugeben und mit den kalten Butterwürfeln binden. Anrichten und mit dem dünn geschnittenen Gorgonzola dolce garnieren.

Für 4 Personen

Trevisiano
1 EL Puderzucker
30 g Butter
150 g Trevisiano fein gehackt
1 Knoblauchzehe
1 Thymianzweig
Pfeffer, Salz
100 ml Rotwein
150 ml roter Portwein

1 Schalotte
3 EL Olivenöl
200 g Fregola Sarda
100 ml Rotwein
400 ml Geflügelfond
Salz, Pfeffer
200 g Gorgonzola dolce

Anmerkung

Trevisiano ist eine längliche Radiccio-Sorte die sich geschmort oder gegrillt sehr gut als Beilage eignet.
Fregola Sarda sind kleine Nudelkügelchen aus geröstetem sardischen Hartweizengrieß. Der Weizen dort ist noch wenig durch Zucht verfälscht und hat einen sehr eigenständigen Geschmack. Fregola Sarda ist in Feinkostgeschäften oder italienischen Supermärkten zu bekommen.

Fisch

Lauwarmes Saiblingsfilet auf Pfifferlingen
Gedämpftes Wolfsbarschfilet
Eglifilet mit Zwiebelgemüse
Zander mit Pfeffer
Gezupfter Nagelrochen
Rotbarbe mit Calamaretti

Lauwarmes Saiblingsfilet auf Pfifferlingen

mit Ei und Liebstöckel

Für 4 Personen

Saibling
600 g Saiblingsfilet ohne Haut
300 g Pfifferlinge
1 EL Schalottenwürfel
1 EL Butter
Salz, Pfeffer

Liebstöckelschaum
30 g Sellerie
50 g Schalotten
20 g Butter
50 ml Weißwein
20 ml Noilly Prat
150 ml Geflügelfond
1 kleiner Bund Liebstöckel
40 g Sahne

Ei auf Brotchip
6 Eier
Butter
6 dünne Baguettescheiben

1. Den Saibling würzen, auf ein gebuttertes Backblech legen, mit Folie abdecken und dann ca. 15 Minuten bei 70 °C im Ofen garen. Die Schalotten in Butter leicht anschwitzen, die Pfifferlinge zugeben und mit Salz und Pfeffer abschmecken.

2. Den Sellerie und die Schalotten in Butter ohne Farbe andünsten, danach mit Weißwein und Noilly Prat ablöschen, leicht einkochen lassen und mit Geflügelfond auffüllen. Das Ganze 20 Minuten leicht köcheln lassen, den Liebstöckel und die Sahne zugeben, fünf bis zehn Minuten ziehen lassen. Einmal aufkochen und passieren. Zum Anrichten mit einem Mixstab aufschäumen.

3. Die Baguettescheiben in einer Pfanne mit Olivenöl von beiden Seiten vorsichtig braten, bis sie knusprig sind. Die Eier trennen und nur das Eigelb in einer beschichteten Pfanne vorsichtig in Butter angehen lassen.

4. Die Pfifferlinge auf einen warmen Teller geben, das lauwarme Saiblingsfilet darauf platzieren und darüber die Brotchips mit dem leicht gebackenen Ei schichten. Den Liebstöckelschaum angießen.

Gedämpftes Wolfsbarschfilet

mit Avocado und grünen Mandeln

1. Das Wasser mit den restlichen Zutaten aufkochen und eine halbe Stunde ziehen lassen. Über dem aromatisierten Wasser später den Wolfsbarsch dämpfen.

2. Für den Fond die Tomatenessenz aufkochen, den Limettensaft und das Olivenöl zugeben und mit Zucker, Salz und Cayennepfeffer abschmecken. Den Fond mit 2 Basilikumblättern 15 Minuten ziehen lassen.

3. Den Fisch je nach Stärke ca. 5–8 Minuten dämpfen. Die grünen Mandeln schälen und in dünne Spalten schneiden. Die Avocadowürfel mit einem Teil des Tomatenfonds ca. 5 Minuten marinieren.

4. Den gedämpften Fisch mit den Avocados im Teller anrichten, die Mandeln darüber streuen und den warmen Tomatenfond (darf nicht kochen) gleichmäßig darüber verteilen. Die restlichen Basilikumblätter können zum Garnieren verwendet werden.

Für 4 Personen

Ansatz zum Dämpfen
1 L Wasser
1 TL Korianderkörner
½ TL Pfefferkörner
1 Knoblauchzehe
1 Lorbeerblatt
1 Thymianzweig

Fond
150 ml Tomatenessenz (siehe Grundrezept S. 114)
Saft von 1 ½ Limette
7 EL Olivenöl
1 ½ TL brauner Zucker
Salz
Cayennepfeffer
6 Basilikumblätter

Wolfsbarsch
600 g Wolfsbarschfilet
2 Avocados
12 grüne Mandeln

Eglifilet mit Zwiebelgemüse

mit Kapern und Rosinen

Für 4 Personen

Zwiebelgemüse
3 weiße Zwiebeln
20 g Sonnenblumenöl
50 ml Weißwein
20 ml Noilly Prat
20 ml weißer Portwein
1 Zweig Thymian
1 Lorbeerblatt
1 EL Rosinen
1 EL Pinienkerne
1 TL Kapern
80 ml Sahne
etwas geschlagene Sahne
1 EL Petersilie

6 Eglifilets à 120 g
Olivenöl
1 Thymianzweig
1 Knoblauchzehe
Salz, Pfeffer

1. Die Zwiebeln in feine Streifen schneiden und vorsichtig im Öl mit den Kräutern ca. 30 Minuten weich dünsten, dabei nicht bräunen. Mit Weißwein und Noilly Prat ablöschen.

2. Die Rosinen blanchieren, die Pinienkerne rösten und beides halbieren. Wenn der Alkohol verkocht ist, die Sahne zugeben, mit den Rosinen, Pinienkernen und Kapern vermengen und mit etwas Salz und Pfeffer abschmecken. Vor dem Anrichten einen Esslöffel geschlagene Sahne und die fein gehackte Petersilie zugeben.

3. Die Eglifilets würzen, in Olivenöl mit Knoblauch und Thymian auf der Hautseite ca. 5–7 Minuten braten, kurz wenden und auf dem Zwiebelgemüse anrichten.

Zander mit Pfeffer

mit Lardo und Linsengemüse

1. Den Zander mit etwas Pfeffer und fein geschnittener Petersilie bestreuen und mit einer dünnen Scheibe Lardo bedecken. Das Ganze leicht salzen und auf einem gebutterten Backblech mit Folie abgedeckt für 15–20 Minuten in den 70 °C heißen Ofen geben.

2. Die Linsen mit dem geschnittenem Gemüse, den Schalottenwürfeln, den Kräutern und dem Lardo in Olivenöl anschwitzen. Die geschälten Tomaten mitschwitzen mit Salz und Pfeffer würzen, mit Geflügelfond auffüllen und bei 200 °C im Backofen 30–40 Minuten weich schmoren. Zum Schluss die kalten Butterwürfel und die geschnittene Petersilie einrühren.

3. Die cremigen Linsen auf dem Teller verteilen und den Zander darauf geben.

Für 4 Personen

Zander
6 Portionen Zander à ca. 120 g
6 Scheiben Lardo
Petersilienjulienne
gestoßener Pfeffer (weiß, schwarz, grün, rot, Szechuan)

Linsengemüse
100 g Belugalinsen (müssen
1 Stunde in lauwarmem Wasser einweichen)
1 Schalotte, gewürfelt
50 g Karotte, gewürfelt
50 g Knollensellerie, gewürfelt
20 g Olivenöl
10 g Lardo
4 EL geschälte Tomaten
1 Thymianzweig
1 Lorbeerblatt
400 ml Geflügelfond
Salz, Pfeffer
1 EL frisch geschnittene Petersilie
2 EL kalte Butterwürfel

Tipp

Lardo (italienisch für „Speck") ist ein besonders gereifter, fetter Speck der italienischen Küche. Für Lardo wird Rückenspeck von Landschweinen verwendet, und davon nur der feste, obere Teil direkt unter der Schwarte. Da Landschweine wesentlich schwerer und fettreicher als übliche Mastschweine sind, ist dieser Teil des Rückenspecks etwa fünf Zentimeter dick. Guter Lardo ist weiß oder leicht rosig gefärbt, von delikatem Geruch, leicht salzig und etwas süßlich mit einem an Walnüsse erinnernden Geschmack. Die Konsistenz sollte fest und zugleich zart schmelzend sein.

Gezupfter Nagelrochen

mit Bärlauchspinat und grober Senfbutter

Für 4 Personen

Fisch
600 g Rochenflügel
1 Knoblauchzehe, angedrückt
1 Thymianzweig

Senfbutter
1 EL Schalottenwürfel
1 EL Butter
1 Knoblauchzehe
1 Thymianzweig
½ EL süßer Senf
1 EL Pommery-Senf
½ EL scharfer Senf
50 ml Geflügelfond
30 g kalte Butter

Bärlauchspinat
300 g Spinat
50 g Bärlauch
1 Stange Frühlingslauch
Salz, Pfeffer
Muskat
Butter

1. Den Rochenflügel in einer Pfanne mit Knoblauch und Thymian braten. Wenn er fertig gegart ist, zupfen.

2. Die Schalottenwürfel, die Knoblauchzehe und den gezupften Thymian in Butter anschwitzen. Den Senf kurz mitschwitzen und mit Geflügelfond auffüllen, dann etwas köcheln lassen und zum Schluss die kalte Butter einmontieren.

3. Den Frühlingslauch in Butter anschwitzen, Spinat und Bärlauch zugeben, mitschwitzen, das Ganze mit Salz, Pfeffer und Muskat abschmecken.

4. Den gezupften Rochenflügel durch die Senfbutter ziehen. Danach mit dem Spinat auf den Tellern anrichten und nochmals mit Sauce überziehen.

Rotbarbe mit Calamaretti

in der Trompetenpilzbouillion

1. Die Rotbarben filetieren, Gräten ziehen und die Filets kalt stellen. Die Rotbarben und die klein geschnittenen Calamaretti würzen und in zwei Pfannen mit Knoblauch und Thymian braten.

2. Die Karkassen für die Bouillion verwenden. Dazu die Karkassen von Augen und Kiemen befreien, abwaschen und in Olivenöl gut anbraten. Die Schalotten, den Knoblauch und den Thymian mitrösten. Die Tomaten zufügen und mit Apfelessig ablöschen. Das Ganze mit Wasser auffüllen, aufkochen und dann eine halbe Stunde bei schwacher Hitze ziehen lassen. Danach passieren. Mit etwas Salz würzen.

3. Die Trompetenpilze in Butter anbraten und mit dem passierten Fond aufgießen.

4. Rotbarben in einen tiefen Teller geben, die Calamaretti und die Pilze aus der Bouillion darauf anrichten und den Fond dazugeben.

Für 4 Personen

Rotbarben
6 Rotbarben à 200g
6–8 Calamaretti

Bouillion
6 Karkassen
20 g Olivenöl
100 g Schalotten
1 Knoblauchzehe
1 Thymianzweig
200 g Tomaten
6 cl Apfelessig
650 ml Wasser
Salz

300 g Trompetenpilze
20 g Butter

Fleisch

Pochierter Lammrücken im Artischockenfond
Brust und Keule von der Taube
Gebratene Rehkitzkeule
mit Kletzenschupfnudeln
Knusprige Ravioli vom bayerischen Hendl
Gebratenes Gamskarre mit Holunder-
Birnencrêpe
Gekochte Ochsenwade auf Semmelkren

Pochierter Lammrücken im Artischockenfond

mit Salsa verde

1. Pochieren des Lamms: Die Kräuter in den Geflügelfond geben, alles aufkochen und vom Herd ziehen. Den Lammrücken in sechs gleichmäßige Stücke teilen und 15–20 Minuten unter dem Siedepunkt garen.

2. Für die Poveraden ein Gefäß mit Wasser und Zitronensaft bereitstellen, die Poveraden putzen, die Spitzen für den Artischockenfond abschneiden. Die Poveraden nun in das Zitronenwasser geben um das Braunwerden zu verhindern und kaltstellen.

3. Für den Fond die Schalotten in feine Scheiben schneiden und die Karotte würfeln. Alle Zutaten langsam miteinander anschwitzen und nach und nach etwas vom Olivenöl zugeben, dabei gut würzen. Wenn die Poveradenspitzen weich sind, mit Noilly Prat und Portwein ablöschen, den Alkohol reduzieren lassen und mit Geflügelfond auffüllen. Das Ganze 1 Stunde leicht köcheln lassen und dabei auf die Hälfte reduzieren. Anschließend den Sud passieren. Die eine Hälfte des Fonds zum Kochen der im Zitronenwasser kaltgestellten Artischockenspalten verwenden. Die andere Hälfte des Fonds mit Butter, Olivenöl, Limettensaft und etwas Salz (falls nötig) abschmecken.

4. Für die Salsa verde alle Zutaten fein hacken und mit Olivenöl auffüllen, bis eine cremige Masse entsteht.

5. Den blanchierten Frühlingslauch in Butter dünsten, mit den Tomaten und den Artischockenspalten in einem tiefen Teller anrichten. Das Fleisch mit etwas Salsa verde bestreichen, mit grobem Meersalz bestreuen und den abgeschmeckten Fond angießen.

Für 4 Personen

600 g Lammrücken (pariert)

Pochierfond
2 l Geflügelfond
1 Lorbeerblatt
1 Thymianzweig
1 Knoblauchzehe

12 Poveraden
Wasser
Saft von 2 Zitronen

Artischockenfond
4 Schalotten, etwa 150 g
1 Karotte à 70 g
150 g Olivenöl
12 Poveradenspitzen (Abschnitte der ganzen Poveraden, s. oben)
2 Knoblauchzehen, leicht angedrückt
6 Thymianzweige
50 g Petersilienabschnitte
350 ml Noilly Prat
150 ml weißer Port
850 ml Geflügelfond
20 g Butter
30 ml Olivenöl
Saft von einer Limette
Salz

Salsa verde
2 g Sardellenfilet
5 g Kapern
3 g Knoblauch
15 g Gewürzgurken
10 g fein gehackte Petersilie
Olivenöl

12 Stangen Minifrühlingslauch
6 Kirschtomaten in Scheiben geschnitten

Brust und Keule von der Taube

mit Mais und Vogelmiere

Für 4 Personen

Taube
6 ganze Tauben
Salz, Pfeffer
Öl und Butter zum Anbraten

Maiscreme
2 Maiskolben
30 g Zwiebel
20 g Butter
½ TL Curcuma
20 ml Noilly Prat
400 ml Geflügelfond
100 ml Sahne

Taubenkeulenragout
6 Taubenkeulen, ausgelöst
15 g Butter
15 g Öl
1 Schalotte, ca. 30 g
2 Champignons
1 Lorbeerblatt
1 Thymianzweig
1 Knoblauch, leicht angedrückt
½ TL Tomatenmark
50 ml Madeira
100 ml Geflügelfond

50 g Vogelmiere zum Garnieren

1. Die temperierten (Zimmertemperatur) Taubenbrüste würzen, in Öl und Butter anbraten und ca. 10 Minuten bei 200 °C auf einem Gitter in den Ofen geben. Vor dem Anrichten kurz ruhen lassen.

2. Den Mais mit einem Messer von den Kolben lösen, mit den Zwiebeln in Butter anschwitzen, ½ Teelöffel Curcuma zugeben und mit Noilly Prat ablöschen. Wenn die Flüssigkeit verkocht ist, mit Geflügelfond aufgießen und weich kochen. Jetzt die Sahne zugeben, noch einmal aufkochen lassen, den Mais absieben und die Hälfte der Körner mit einem Teil der Flüssigkeit (die Creme sollte nicht zu flüssig werden) mit dem Stabmixer pürieren. Diese Masse durch ein Sieb streichen, mit Salz und Pfeffer abschmecken.

3. Das in kleine Würfel geschnittene Keulenfleisch in einer Öl-Butter-Mischung anbraten, die Schalotte und die Champignons würfeln und dazugeben, die Kräuter und den Knoblauch beigeben. Das Tomatenmark zum Aromatisieren unterrühren und alles mit Madeira ablöschen, reduzieren lassen und mit dem Geflügelfond auffüllen. Anschließend im Ofen bei 180 °C etwa 20 Minuten abgedeckt weich schmoren.

4. Die Taubenbrüste halbieren und auf dem Taubenragout mit den restlichen Maiskörnern und der Maiscreme anrichten, mit Vogelmiere garnieren.

Tipp

Die Vogelmiere, deren Geschmack an junge Maiskolben oder Erbsen erinnert, ist ein anspruchsloses Wildkraut, das auch im Balkonkasten gezogen werden kann. Sie ist sehr vitamin- und mineralstoffreich und geeignet zu Gemüse, Suppen, für die Kräuterbutter und im Pesto.

Gebratene Rehkitzkeule mit Kletzenschupfnudeln

und Waldpilzen

1. Die Rehkeule mit Salz, Pfeffer und dem Rehgewürz würzen und in der Öl-Buttermischung anbraten. Im vorgeheizten Ofen bei 150 °C 60–75 Minuten unter ständigem Wenden garen, dabei jedes Mal mit Butter bepinseln. Anschließend 10 Minuten abgedeckt ruhen lassen.

2. Für die Kletzenschupfnudeln die Kartoffeln waschen, und auf zwei Seiten einritzen und auf grobem Salz im Ofen bei 180 °C ca. eine Stunde garen, schälen und zweimal durch eine Kartoffelpresse drücken. Das Mehl und den Hartweizengrieß mit dem Dörrobst vermengen. Die Mehlmischung nun mit den Kartoffeln, dem Eigelb und den Gewürzen rasch zu einem Teig kneten. Diesen zu Rollen formen (ca. 1 cm Durchmesser), in 2 cm lange Stücke teilen und mit der Handfläche zu Schupfnudeln rollen. Die Nudeln in kochendes Salzwasser geben. Wenn die Schupfnudeln an die Oberfläche steigen, herausnehmen und auf ein geöltes Blech legen. Vor dem Servieren die Kletzenschupfnudeln in einer Pfanne mit etwas Butter heiß schwenken und, wenn nötig, mit Salz abschmecken.

3. Für die Croutons die Toastbrotscheiben in Streifen, Würfel oder Dreiecke schneiden und diese in Butterfett goldgelb backen, herausnehmen und auf ein Küchenpapier geben – dann beiseite stellen. Die Speckscheiben in Öl in einer Pfanne knusprig braten, ebenfalls auf einem Küchenpapier abtropfen lassen – beiseite stellen.

4. Die Rosenkohlblätter im gesalzenen Wasser blanchieren und in Eiswasser abschrecken. Danach in etwas Butter andünsten und mit Salz und Pfeffer abschmecken. Die Pilze anbraten, würzen und zusammen mit den Rosenkohlblättern und den Schupfnudeln auf den Tellern anrichten. Jetzt von der Keule die gewünschten Scheiben schneiden und auf die Teller geben. Mit den Croutons, den Speckscheiben und den Staudensellerieblättern garnieren. Mit der Sauce nappieren und servieren.

Für 4 Personen

1 Rehkitzkeule ca. 1800 g
Salz und Pfeffer
Rehgewürz (siehe Grundrezept,
Rehjus, S. 116)
Öl und Butter zum Anbraten

Kletzenschupfnudeln
1000 g rohe Kartoffeln (ergibt
ca. 600 g Kartoffeln)
grobes Salz
80 g Wiener Griessler (ein doppel-
griffiges Mehl oder Spätzlemehl)
20 g Hartweizengrieß
10 g Dörrpflaumen
10 g Dörrfeigen
15 g Kletzen (getrocknete Birnen)
1 Eigelb
Salz, Muskat
etwas Butter

Rehjus
(siehe Grundrezepte S. 116)

Garnitur
Toastbrot (für Croutons)
Butterfett
12 Speckscheiben
Stangensellerieblätter

Waldpilze und Rosenkohl
200 g gezupfte Rosenkohlblätter
Butter
Salz, Pfeffer
200 g gemischte Waldpilze

Knusprige Ravioli vom bayerischen Hendl

mit Hagebuttenmark

Für 4 Personen

Geschmorte Hähnchenkeulen
4 Hähnchenkeulen
Salz und Pfeffer
20 g Butter
20 g Öl
50 g Sellerie
50 g Champignons
75 g Karotte
100 g Schalotten
5 g Tomatenmark
350 ml Madeira
Gewürzsäckchen (siehe unten)
ca. ½ l Kalbsfond zum Auffüllen
etwas Hagebuttenmark

Gewürzsäckchen
1 Lorbeerblatt
1 Thymianzweig
4 Wacholderbeeren
½ TL Koriander
4 Pimentkörner
½ TL schwarze Pfefferkörner

Ravioliteig
200 g Mehl
50 g Butter
80 g Sauerrahm
Salz
1 Spritzer Essig

Feldsalat
Hagebuttenmark

1. Die Hähnchenkeulen mit Salz und Pfeffer würzen, in einer Öl-Butter-Mischung anbraten und herausnehmen. Das Gemüse samt Schalotten andünsten und die Keulen wieder zufügen. Das Tomatenmark im Bratenfett kurz anrösten und mit Madeira ablöschen. Die Flüssigkeit einkochen lassen. Die Gewürze in ein Gewürzsäckchen geben und samt den Kräutern zufügen. Mit dem kalten Kalbsfond aufgießen und bei 200 °C im vorgeheizten Ofen weich schmoren, das dauert ca. 1 ½ Stunden. Die Haut von den Keulen entfernen und das Fleisch von den Knochen lösen. Das Hähnchenfleisch und das Gemüse fein würfeln und mit etwas Hagebuttenmark, Salz und Pfeffer abschmecken.

2. Für den Ravioliteig alle Zutaten verkneten und abgedeckt eine Stunde kaltstellen. Den Teig ausrollen, die Masse aus Hähnchenfleisch, Gemüse und Hagebuttenmark in kleinen Portionen auf den Teig geben, die Ravioli formen und in ca. 160 °C heißem Butterfett goldbraun backen.

3. Das Hagebuttenmark leicht erwärmen, auf den Tellern verteilen, die Ravioli darauf anrichten und mit Feldsalat garnieren.

Tipp

Wenn Sie die Möglichkeit haben, ein kalt gerührtes Hagebutten- oder, wie es im Schwäbischen heißt, Hägenmark, zu bekommen, wird das Gericht auch noch reich an Vitamin C!

95

Gebratenes Gamskarree
mit Holunder-Birnencrêpe

1. Das Gamskarree mit Salz und Pfeffer würzen, von beiden Seiten in der Öl-Buttermischung vorsichtig anbraten und bei ca. 180 °C trockener Hitze für 15–20 Minuten auf einem Gitter unter ständigem wenden und buttern im Ofen garen. Danach 5 Minuten abgedeckt ruhen lassen – Anrichten.

2. Für das Birnenpüree die Birne schälen und in gleichmäßige Würfel schneiden. Die Birnenwürfel mit den restlichen Zutaten in einen Topf geben und zugedeckt zu einem Püree verkochen lassen.

3. Für den Crêpe-Teig das Mehl mit Milch, Sahne und Salz verrühren. Das Ei und das Eigelb zugeben und zu einem glatten Teig rühren (wenn nötig passieren), und 6 Crêpes ausbacken. (Die Crêpes sollten einen Durchmesser von ca. 12–15 cm haben.)

4. Die fertigen Crêpes auf der Arbeitsfläche ausbreiten, in die Mitte der Crêpes einen Teelöffel Birnenpüree und 4–6 Holunderbeeren geben, dann zweimal falten. Beiseite stellen (etwas Püree zum Garnieren aufbewahren). Die Crêpes auf einem gebutterten Backblech mit Alufolie abgedeckt für ca. 10 Minuten mit in den Ofen geben. Jetzt den Sellerie in Butter andünsten, mit Salz und Pfeffer würzen und fertig garen.

Für 4 Personen

Gams
2 Gamskarrees
Salz, Pfeffer
Öl, Butter

Birnenpüree
1 Birne, ca. 200 g
20 ml Weißwein
20 g Butter

Crêpe-Teig
60 g Mehl
120 ml Milch
60 ml Sahne
Salz
1 Ei
1 Eigelb
100 g Stangenselleriescheiben
200 g Knollenselleriewürfel
Holunderbeeren

Sauce
(siehe Grundrezept Rehjus S. 116)

Gekochte Ochsenwade auf Semmelkren

mit Schnittlauchsauce

Für 4 Personen

1 kg Ochsenwade
3 l Wasser
2 Karotten
150 g Lauch
2 Zwiebeln
200 g Knollensellerie
10 Pfefferkörner
5 Pimentkörner
5 Wacholderbeeren
10 Koriandersamen
1 Lorbeerblatt
Salz

Semmelkren
250 ml Brühe
3 Semmeln (Brötchen)
2 EL Meerrettich aus dem Glas
Salz, Pfeffer, Muskat
1 EL geschlagene Sahne

Schnittlauchsauce
50 g entrindetes Baguette oder
Weißbrot
20 ml heiße Milch
3 hartgekochte Eigelbe
1 Ei
6 g Senf
150 ml Traubenkernöl
Salz
4 EL frisch geschnittener
Schnittlauch

Meersalz

1. Die Ochsenwade im kalten Wasser ansetzen, nach 1,5 Stunden den Fond würzen und das geschälte Gemüse, die Kräuter und die Gewürze beigeben. Fertig garen, bis das Fleisch weich ist, und danach abpassieren. Das gekochte Gemüse wird später in Stücke geschnitten und zum Anrichten verwendet (wenn nötig noch Flüssigkeit zugeben).

2. Für den Semmelkren den Fond aufkochen und die in grobe Würfel geschnittenen Semmeln beigeben und 5 Minuten leicht köcheln lassen. Dann mit dem Meerrettich, Salz, Pfeffer und Muskat abschmecken. Wenn nötig, noch ein bisschen Brühe angießen. Zum Schluss die geschlagene Sahne unterheben.

3. Für die Schnittlauchsauce zuerst das Weißbrot in der heißen Milch tränken, abkühlen lassen, gut ausdrücken und zusammen mit dem hartgekochten Eigelb durch ein Sieb streichen. Ei, Senf und Traubenkernöl zu einer Mayonnaise rühren, mit Salz abschmecken und mit der Ei-Weißbrotmasse verrühren. Vor dem Anrichten den Schnittlauch dazugeben.

4. Den Semmelkren im tiefen Teller verteilen, die geschnittene Ochsenwade und das Gemüse darauf verteilen, ein wenig vom Fond angießen und mit Meersalz und Schnittlauchsauce garnieren.

Desserts

Crêpe Suzette à la „Manfred Friedel"
Gefüllte Florentiner mit Vanille-Kirschwassercreme
Pochierte Birne Rot-Weiß mit Schokoladenpudding
Falsche Marzipanschnitten mit Mandarinengranitée
Lebkuchenparfait auf Feigencarpaccio

Crêpe Suzette
à la „Manfred Friedel"

1. Das Mehl mit Milch, Sahne, Zucker und Salz vermischen. Die Eier und Eigelbe zugeben und alles zu einem glatten Teig verrühren (wenn nötig, passieren). In einer beschichteten Pfanne hauchdünne Crêpes ausbacken. Der Teig ergibt 12 Crêpes.

2. Den Zucker in einer Pfanne karamellisieren, bis er einen Goldton angenommen hat, dann 45 g Butter in die Pfanne geben. Die Pfanne vom Ofen nehmen, Butter schmelzen lassen und die Pfanne wieder auf den Ofen stellen. Mit Orangensaft und Zitronensaft ablöschen. Den Karamell aufkochen lassen, bis er sich vom Boden der Pfanne löst. Eventuell etwas Orangensaft nachgießen und einreduzieren lassen.

3. Die zusammengefalteten Crêpes in die Pfanne legen und in der Sauce durchziehen lassen. Mit Grand Marnier und Cognac flambieren.

4. Die Crêpes auf einem Teller anrichten und mit Vanilleeis servieren.

Crêpeteig (ergibt ca. 12 Crêpes)
120 g Mehl
250 g Milch
125 ml Sahne
1 Prise Salz
1 Prise Zucker
2 Eier
2 Eigelbe

Crêpes Suzette (für ca. 6 Personen)
7 TL oder 45 g Zucker
70 g Butter
120 ml Orangensaft
10 ml Zitronensaft

30 ml Grand Marnier
40 ml Cognac

Anmerkung

Manfred Friedel ist der langjährige Maître d'Hotel im Hotel Königshof, München.

Gefüllte Florentiner mit Vanille-Kirschwassercreme

Für 4 Personen

Florentinerblätter
75 g Butter
150 g Honig
30 g Glucose
100 g Sahne
15 g Zitronat
15 g Orangeat
30 g kandierte Kirschen
100 g fein gehackte Mandeln
150 g gehobelte Mandeln

Vanille-Kirschwassercreme
75 ml Milch
30 g Zucker
125 ml Sahne
½ Vanilleschote
20 g Cremepulver
50 g Milch
20 g Eigelb
50 ml Kirschwasser
50 g Puderzucker
2 ½ Blatt Gelatine
200 g geschlagene Sahne

Kirschenragout
1 EL Speisestärke
50 ml schwarzer Johannisbeersaft
300 ml Rotwein
250 ml roter Portwein
180 ml Cassislikör
25 ml Kirschwasser
180 g Blütenhonig
12 Herzkirschen

1. Die Butter mit Honig, Glucose und Sahne aufkochen, die restlichen Zutaten zugeben und zu einer feinsämigen Masse kochen. Diese Mandelmasse hauchdünn zwischen zwei beschichteten Backpapierblättern ausrollen und auskühlen lassen. Das obere Papier abziehen und anschließend den Florentiner bei ca. 180–200 °C goldbraun backen, vorsichtig in dreieckige Stücke schneiden, auskühlen lassen und in einer Dose trocken aufbewahren.

2. Für die Vanillecreme die Milch mit Zucker, Sahne und Vanille aufkochen. Das Cremepulver in kalter Milch verrühren und das Eigelb zugeben, in die kochende Vanillemilch gießen und aufkochen lassen. Die Creme abkühlen lassen und durch ein Sieb streichen. In einem Topf 1/3 der Creme erhitzen und mit Kirschwasser und Puderzucker parfümieren. Die in kaltem Wasser eingeweichte Gelatine in der warmen Creme auflösen und unter die restliche kalte Creme geben. Anschließend die kalte geschlagene Sahne unterheben und ca. 1 Stunde kühlstellen.

3. Für das Kirschenragout die Stärke mit Johannisbeersaft verrühren. Den Rotwein mit Portwein, Cassislikör, Kirschwasser und Blütenhonig aufkochen und mit der angerührten Stärke abbinden. Dann den Rotweinguss lauwarm auskühlen lassen und über die frischen, entsteinten Herzkirschen geben. Alles durchziehen lassen, so dass die Kirschen den Geschmack vom Sud aufnehmen können.

4. Die Creme zwischen zwei Florentinerblätter füllen und die aromatisierten Kirschen dazu anrichten.

Pochierte Birne Rot-Weiß mit Schokoladenpudding

1. Für die Rotweinbirne Rotwein mit Zucker, Holunderbeeren und Gewürzen einmal aufkochen, Vanillestange herausnehmen und mixen. Die halb geschälten Birnen zugeben und 10–15 Minuten unter dem Siedepunkt garen. Im Fond auskühlen und auf einem Küchenpapier abtropfen lassen. Die restliche Schale der Birne entfernen und das Kerngehäuse vorsichtig mit einem kleinen Löffel von der Blütenseite her entfernen.

2. Für den Schokoladenpudding die Milch mit Sahne, Zucker, Salz, Zimt und Vanille im Topf aufkochen. Von der Herdplatte ziehen. Die Schokolade in der Milch auflösen. Nun die Eier in die Schokoladenmilch mixen. Die Masse durch ein Haarsieb ca. 2 cm hoch in eine Auflaufform füllen. Alles etwa 20–30 Minuten in einem Wasserbad bei 85 °C im Backofen pochieren. Mit Folie abdecken und auskühlen lassen. Jetzt die Birnen mit dem fertigen Schokoladenpudding füllen und kaltstellen.

3. Für die Holundersauce den Zucker karamellisieren, die Holunderbeeren darin kurz anschwenken, ein Stück Vanille beigeben und mit Rot- und Portwein ablöschen. Die Sauce einkochen lassen, mixen und passieren.

4. Für das Vanilleeis Vanilleschoten auskratzen, Mark und Hülsen zusammen mit Sahne und Milch aufkochen. Die Eigelbe mit dem Zucker verrühren und die aufgekochte Milch-Sahnemischung zugeben. Nun diese Flüssigkeit im Wasserbad unter ständigem Rühren auf ca. 70 °C erwärmen, leicht zur Rose* abziehen. Danach passieren, auskühlen lassen und in einer Eismaschine frieren.

5. Honighippen: alle Zutaten zu einer glatten Masse mixen und kaltstellen. Aus der Masse gleichmäßige Kugeln formen und bei 170 °C goldgelb backen. Im warmen Zustand mittig ein Loch ausstechen, erkalten lassen und in einer Dose aufbewahren.

6. Holundersauce auf einen Teller streichen, die Schoko-Rotweinbirne daraufsetzen und Vanilleeis mit Honighippe platzieren.

Für 4 Personen

Rotweinbirne
1 l Rotwein
200 g Zucker
200 g Holunderbeeren
1 Vanillestange
Zimt
6 reife Birnen

Schokoladenpudding
250 g Milch
250 g Sahne
75 g Zucker
1 Prise Salz
1 Prise Zimt
Mark ½ Vanillestange
70 g dunkle Schokolade, 72% Kakao
3 Eier (ca. 210 g)

Holundersauce
80 g Zucker
250 g Holunderbeeren
ein kleines Stück Vanillestange
50 g roter Portwein
50 g Rotwein

Vanilleeis
3 Vanilleschoten
180 g Sahne
180 g Milch
5 Eigelbe
65 g Zucker

Honighippen
45 g Mehl
45 g Blütenhonig
54 g flüssige Butter
90 g Puderzucker

* Eine zur Rose abgezogene Eigelbmasse ist meistens die Grundlage für Cremes und Süßspeisen. Eigelb wird mit Milch und Zucker verquirlt und langsam in einem Wasserbad erhitzt. Die Rose bildet sich bei einer Temperatur zwischen 75 und 85 °C. Achtung: ab 85 °C gibt es Rührei.

Falsche Marzipanschnitten mit Mandarinengranitée

Für 4 Personen

Falsche Marzipanschnitten
150 g Butter
50 g Puderzucker
100 g dunkle Kuvertüre, 66 %
4 Eigelbe
150 g gemahlene Mandeln, geröstet
4 Eiweiß
100 g Zucker

Schokoladenguss
75 g Milch
75 g Sahne
125 g Nougat, gewürfelt
125 g dunkle Kuvertüre

Überzug
80 g Puderzucker
3 EL Rum

Granitée
Mandarinen für 1 Liter Saft
12–14 Würfelzucker
1 unbehandelte Zitrone
4 EL Grenadinesirup
20 ml Amaretto
10 ml Pernod
200 ml Prosecco

1. Die Butter und den Puderzucker mit einem Handrührgerät schaumig schlagen. Die Kuvertüre flüssig in die Buttermasse geben und nach und nach die Eigelbe hinzufügen, anschließend die gerösteten, gemahlenen Mandeln unterheben. Eiweiß und Zucker steif schlagen und unterheben. Die Masse in eine Backform füllen und ca. 30–40 Minuten bei 180–190 °C backen, anschließend aus der Form lösen und bei Zimmertemperatur auskühlen lassen.

2. Für den Schokoladenguss die Milch mit der Sahne aufkochen. Den gewürfelten Nougat und die Kuvertüre darin auflösen und zu einer glatten Masse rühren. Anschließend die Marzipanschnitten mit dem noch warmen Guss überziehen und auskühlen lassen.

3. Den Puderzucker mit dem Rum zu einer sämigen Masse verrühren und den gesamten Kuchen damit einstreichen.

4. Für das Granitée die Mandarinen heiß abwaschen und trocknen. Den Würfelzucker an den Mandarinenschalen reiben, so dass er den Geschmack der ätherischen Öle annehmen kann. Anschließend die Mandarinen auspressen und den Zucker im Mandarinensaft auflösen. Die Zitrone auspressen und mit den restlichen Zutaten zum Saft zugeben. Den Mandarinensaft durch ein Sieb gießen und in einem Gefäß tiefgefrieren. Mit einem Esslöffel das Granitée herunterschaben.

5. Die Marzipantorte aufschneiden und nach Geschmack mit Schokoladenraspel oder Ähnlichem dekorieren. Das geraspelte Granitée in einem Schälchen dazu servieren.

Lebkuchenparfait auf Feigencarpaccio

1. Den Zucker in Wasser mit Salz, Vanille und Lebkuchengewürz siruparitg einkochen. Das Eigelb mit dem Rührgerät bis zum dreifachen Volumen schaumig aufschlagen, den gekochten Zuckersirup beigeben und weiterschlagen, bis die Masse kalt ist. Anschließend den Rum und die feinen Lebkuchenbrösel unterrühren. Zum Schluss die Sahne unterheben, in Formen abfüllen und einfrieren. Vor dem Servieren in Portionen schneiden, mit Puderzucker bestäuben und mit einem Bunsenbrenner goldbraun abflämmen.

2. Mit einem kleinen Messer vorsichtig die Haut von den Feigen abziehen. Den Zucker in einem Topf zu einem goldfarbigen Karamell schmelzen und mit den Säften und Rot- und Portwein ablöschen. Die Flüssigkeit leicht einkochen lassen, die Gewürze und geschälten Feigen zugeben, den Topf mit einer Alufolie abdecken und die Feigen 10 Minuten bei mäßiger Hitze weich garen und in dem heißen Sud auskühlen lassen. Die Feigen auf einem Tuch abtropfen lassen und zwischen zwei Frischhaltefolien flach klopfen.

3. Für die Hippen die Butter und den Puderzucker weißschaumig aufschlagen. Das Eiweiß und das Mehl mit dem Lebkuchengewürz unterrühren. Die Masse mit einer Schablone auf Backpapier dünn aufstreichen und bei 180 °C goldbraun backen. Im noch warmen Zustand die Hippe in die gewünschte Form bringen.

4. Die Feigen auf einen flachen Teller streichen, das Lebkuchenparfait in zwei kleinen Portionen darauf anrichten und mit einer Hippe dekorieren.

Für 4 Personen

Lebkuchenparfait
90 g Zucker
50 ml Wasser
½ Vanillestange, ausgekratzt
1 Prise Salz
1 gehäufter TL Lebkuchengewürz
60 g Eigelb
25 g Rum
200 g gemahlener Elisenlebkuchen
375 g angeschlagene Sahne

Feigen
6 rote Feigen
125 g Zucker
50 ml Orangensaft
½ Zitronensaft
100 ml Johannisbeersaft
60 ml roter Portwein
120 ml kräftiger Rotwein
½ Vanillestange
½ Zimtstange
1 Nelke
½ Sternanis

Hippen
50 g weiche Butter
50 g Puderzucker
10 g Lebkuchengewürz
50 g frisches Eiweiß
50 g Mehl

Grundrezepte

Grundrezepte

Tomatenessenz

1. Die Dosentomaten mit den frischen Tomaten mixen. Die Zwiebeln, Lauch und Staudensellerie beigeben. Das Rinderhackfleisch mit dem Eiweiß verquirlen, sorgfältig unter die Tomatenmischung rühren und mit dem Wasser auffüllen.

2. Die Gewürze und Kräuter beigeben, sehr langsam zum Kochen bringen und dabei ständig mit einem Spatel oder Bratenwender über den Topfboden schaben, damit das Eiweiß hier nicht ansetzen kann. Sofort nach dem Aufkochen die Temperatur reduzieren und die Tomatenessenz bei sehr sanfter Hitze 2 bis 3 Stunden leise köcheln lassen. Die inzwischen völlig klare Essenz durch ein Tuch passieren.

2 Dosen Pelati (geschälte Tomaten)
ca. 500 g
300–400 g frische Tomaten
2 Zwiebeln
1 Lauchstange
1 Stange Staudensellerie
150 g Rinderhackfleisch
2 Eiweiß
1 l kaltes Wasser
1 Karotte, 1 Knoblauchzehe
1 kleiner Bund Basilikum
1 Thymianzweig, 1 Rosmarinzweig
3 Wacholderbeeren
5 Korianderkörner
3 Pimentkörner, 2 Nelken
10 schwarze Pfefferkörner
Salz, Zucker

Schmortomaten

1. Die Tomatenschale leicht einschneiden und in kochendem Wasser kurz blanchieren. Danach in Eiswasser abschrecken und die Haut abziehen. Anschließend die Tomaten vierteln und das Kerngehäuse herausschneiden.

2. Den Knoblauch in Scheiben schneiden und auf einem Backblech Olivenöl, Kräuter und Knoblauchscheiben gleichmäßig verteilen, die Tomatenfilets würzen und auf das Blech geben, mit Puderzucker bestäuben und bei 90 °C im Ofen ca. 90 Minuten schmoren.

10 reife Tomaten
Olivenöl
3–4 Thymianzweige
3–4 Rosmarinzweige
ca. 10 Basilikumblätter
2 Knoblauchzehen
Salz, Pfeffer
Puderzucker

Grundrezepte

Rehjus

1. Für das Rehgewürz Pfeffer, Wacholderbeeren, Piment, Kümel und Koriandersamen einem Mörser zerkleinern.

2. Die Rehknochen in einer Mischung aus Butter und Öl rundherum braun anbraten. Salz, Pfeffer, das Gemüse, die Kräuter und das Rehgewürz zugeben. Das Tomatenmark beigeben und mitrösten. Mit Rotwein und Portwein ablöschen. Die Flüssigkeit einkochen lassen und diesen Vorgang dreimal wiederholen. Nun mit Kalbsfond und Wasser auffüllen. Preiselbeeren und Dörrpflaumen zufügen, das Ganze bei schwacher Hitze ca. 3 Stunden kochen lassen. Zur Bindung eine rohe Kartoffel reiben und einrühren. Falls nötig, noch mit etwas Mehl binden. Noch einmal aufkochen lassen und die Sauce passieren.

3. Die Sauce mit etwas Salz und Pfeffer und 2 EL Nussbutter abschmecken.

Rehgewürz
1 TL schwarzer Pfeffer
1 TL Wacholderbeeren
2 TL Piment, 2 TL Kümmel
2 TL Koriandersamen

Rehjus
2 kg Rehknochen
3 EL Butter, Öl
Salz, Pfeffer
100 g Karotte
200 g Stangensellerie
2 Zwiebeln, Knoblauch
Rosmarin, Thymian
Lorbeer, Meersalz
Rehgewürz (siehe oben)
Tomatenmark
300 ml roter Portwein
300 ml Rotwein
1 l Kalbsfond
2 l Wasser
6 EL Preiselbeeren
3 Dörrpflaumen
1 Kartoffel, 1 EL Mehl
Salz, Pfeffer
2 EL Nussbutter

Kalbsjus

Die Kalbsschwanzknochen hacken und in der Öl-Buttermischung anbraten und im Backofen bei 220 °C ca. 45 Minuten goldbraun rösten. Das Gemüse schneiden, die Zwiebeln, Kräuter und Gewürze beigeben und mitrösten lassen. Nach ca. 10 Minuten auch die Tomaten mitrösten und dann mit Madeira ablöschen. Das Ganze in einen großen Topf geben und mit kaltem Wasser auffüllen. Den Sud ca. 2 Stunden köcheln lassen, dabei immer wieder Wasser angießen und zum Binden die kleine Kartoffel reiben und einrühren.

2 kg Kalbsschwanz
30 g Pflanzenöl
20 g Butter
1 Karotte, 1 Stangensellerie
2 Zwiebeln
Thymian, Lorbeerblatt
5 Pimentkörner
5 Wacholderbeeren
15 Korianderkörner
10 Pfefferkörner
Rosmarin, Salz
150 g geschälte Tomaten
400 ml Madeira, Wasser
eine kleine Kartoffel

Grundrezepte

Eiercreme

20 ml Milch
50 g entrindetes Baguette oder
Weißbrot
3 hartgekochte Eigelbe
1 Ei
6 g Senf
150 ml Traubenkernöl
Salz

1. Die Milch erhitzen und das Weißbrot darin tränken, gut ausdrücken und zusammen mit den hartgekochten Eigelben durch ein Sieb streichen.

2. Das Ei, den Senf und das Traubenkernöl zu einer Mayonnaise aufziehen, mit Salz abschmecken und mit der Ei-Weißbrotmasse verrühren.

Limettenvinaigrette

100 ml Tomatenessenz (siehe
Grundrezpet S. 114)
40 ml Olivenöl
12 ml Limettensaft
4 Basilikumblätter
Salz, brauner Zucker
Cayennepfeffer

Die Tomatenessenz aufkochen und mit Olivenöl, Limettensaft und Basilikumblättern verrühren. Mit Salz, Zucker und Cayennepfeffer abschmecken.

REGISTER

REGISTER

Impressum

Martin Fauster
2008 © Bibliothek der Köche für die Süddeutsche Zeitung Edition,
Süddeutsche Zeitung GmbH, München

Fotografie: Bernd Grundmann
Texte: Ingo Swoboda
Rezepte: Martin Fauster
Art Director: Eberhard Wolf
Grafik: Julia Wolf
Konzept: Jürgen Welte, Collection Rolf Heyne, München
Projektmanagement: Gabriella Hoffmann
Projektleitung: Dirk Rumberg

Litho: JournalMedia GmbH, München
Herstellung: Hermann Weixler, Thekla Neseker
Druck und Bindung: Holzhausen Druck & Medien GmbH, Wien

Printed in Austria
ISBN: 978-3-86615-554-1

Einfach kochen wie die Besten

Sterneköche für zu Hause

HARALD
RÜSSEL

MARTIN
FAUSTER

MARTIN
GÖSCHEL

ALI
GÜNGÖRMÜS

THOMAS
KELLERMANN

JÖRG
GLAUBEN

ERIC
MENCHON

ALEXANDER
HERRMANN

FRANK
BUCHHOLZ

TILLMANN
HAHN

PETER MARIA
SCHNURR

BERNHARD
DIERS

MICHAEL
FELL

THOMAS
BÜHNER

ANDREE
KOETHE

KARL-EMIL
KUNTZ

ACHIM
SCHWEKENDIK

JOHANN
LAFER

Coveränderungen vorbehalten!

Alle 20 Bände der **Bibliothek der Köche** auf einen Blick:

125

Weine, die berühren.

Betreten Sie neues Weinland:
eine Entdeckungsreise in die Welt
herausragender Weine – zusammengestellt
von ausgewiesenen Weinkennern
für die SüddeutscheZeitung.

Bestellen Sie unter 01805 –45 59 06*
oder im Internet unter www.sz-vinothek.de,
wo Sie detaillierte Informationen
zu allen Weinen erhalten.

(* 0,14 Euro /Min. aus dem dt. Festnetz, abweichender Mobilfunktarif möglich.)